x

DATE DUE

HIPNOSIS

D1561590

LOS AUTORES

Juan Caballero (1953–2003) nació en Cuba. Desde 1980 residió en Estados Unidos. En este país estudió Hipnoterapia Clínica y Parapsicología. En 1992 fundó El Centro de Hipnoterapia Racional. En su primer libro, *Mensajes de la Princesa Diana*, abordó lo parasicológico.

En la obra que siguió *Abre la Puerta, el poder está dentro de tu mente*, Caballero ofreció un curso de auto-reprogramación mental siguiendo el exitoso método didáctico que empleó por años en su escuela y en los seminarios de auto-ayuda y superación personal. Su último libro, *Hipnosis: la puerta hacia el pasado*, lo escribió en unión de Ignacio Cárdenas, reconocido escritor cubano.

El profesor Caballero impartió numerosas conferencias sobre el tema de la Hipnoterapia y la Parapsicología en distintos centros de enseñanzas y fue invitado a las grandes cadenas de televisión hispana de los Estados Unidos —Univisión, Telemundo, Venevisión Internacional, Telemundo Internacional—, donde sus demostraciones despertaron la admiración de los televidentes. El Profesor Juan Caballero murió en noviembre de 2003.

Ignacio Cárdenas (1924–), nació en Cuba. En 1966 se graduó como Ingeniero Electricista en la Universidad de la Habana y mientras realizaba funciones como director de proyectos en el Ministerio de Industria Ligera, comenzó a escribir su primera novela —suspenso de estilo hammetiano— *Enigma para un domingo*, que obtuvo un premio en el Concurso de Novelas Cirilo Villaverdes, 1969, UNEAC (Unión Nacional de Escritores y Artistas de Cuba) cuyas tiradas superaron el millón de ejemplares. A ésta siguieron otras dos novelas del mismo género y un libro de cuentos, todos con igual aceptación por los lectores y la crítica.

Cárdenas es graduado en Guiones para Radio y Televisión, 1992, Instituto Cubano de Radio y Televisión. Posee un postgrado de Periodismo Literario 1990, Universidad de La Habana. Sus libros han sido consultados en extensas críticas literarias.

La Puerta Hacia El Pasado

HIPNOSIS

Prof. JUAN CABALLERO

&

IGNACIO CÁRDENAS

Llewellyn Español
St. Paul, Minnesota 55164-0383, U.S.A.

Primera Edición
Primera Impresión, 2004

Diseño del interior: Alexander Negrete
Diseño de la portada: Ellen Dahl
Edición y coordinación general: Edgar Rojas
Foto de la portada: © Photodisc y Digital Stock

Library of Congress Cataloging-in-Publication Data. (Pending).
Biblioteca del Congreso. Información sobre esta publicación. (Pendiente).

ISBN 0-7387-0587-X

Prof. Juan Caballero & Ignacio Cárdenas
⅋ Llewellyn Español
P.O. Box 64383, Dept. 0-7387-0587-X
St. Paul, MN 55164-0383, U.S.A.
www.llewellynespanol.com

Impreso en los Estados Unidos de América

TABLA DE CONTENIDO

PRÓLOGO

¿Qué persona no se ha preguntado alguna vez cuál es la razón del tránsito de su cuerpo físico por la tierra? Y, una vez cumplido éste, ¿cuál es la morada de su otro yo, el invisible, el etéreo, ése que muchos llamamos alma, pero siempre la misma indivisible e indestructible partícula de energía que en apariencia muere, aunque como el Ave Fénix de la leyenda se incorpora de nuevo con la acumulada experiencia de su vida anterior?

¿Podemos bajo el laxo estado de un trance hipnótico penetrar en las memorias del subconsciente, buscar allí los rastros de nuestras vidas pasadas, y el vínculo repetido con otros seres en vidas sucesivas?

ix

¿Por qué escuchamos a veces, en los lugares donde la quietud es dueña, ruidos de objetos que se mueven, voces que susurran o presentimos la inminencia de un suceso sin que podamos encontrar la palmaria explicación física que lo justifique?

¿Ha escuchado alguna vez la lejana invocación de su nombre sin lograr la ubicación del origen de la llamada; o, tal vez, la sensación del suave roce de una mano fría que se recrea con el contacto de su erizada piel? ¿Quién no ha experimentado alguna vez la inquietante aprensión producida en su entorno por la visión fugaz de una sombra que se desvanece?

En esta obra se recogen experiencias similares a las señaladas en las preguntas que anteceden y que son revividas bajo el trance hipnótico por numerosos alumnos y pacientes del profesor Juan Caballero.

Gran pasmo le causó al Ingeniero Ignacio Cárdenas, coautor de este libro y de formación profesional ajena a los fenómenos que trata la parapsicología, cuando participó, al inicio escéptico, en varias sesiones demostrativas que realizó el profesor, y comprobó cómo exalumnos de éste contactaban, en éxtasis provocado por los efectos relajantes de la hipnosis profunda, con seres atrapados en ese ámbito umbroso donde los muertos creen estar en condiciones de resolver problemas pendientes en la tierra o consumar venganzas no resueltas en su tránsito físico por la vida.

Se trata, entonces, de hechos paranormales que la Parapsicología, hasta su estadio actual como ciencia dedicada a los estudios de estos fenómenos, puede explicar conforme relatamos en las páginas de este libro.

Los autores tomaron como hilo narrativo central del relato el caso de las hermanas Santander, las cuales, sumidas en profunda relajación mental, van revelando los nexos de odios y venganzas en el seno de esa familia en distintas vidas desde tiempos tan lejanos como la Inquisición en Francia, pasando por la época del Imperio francés en México, la revolución agraria en ese país y hasta nuestros días. Y lo seleccionamos en primer término por el contraste entre lo clínico y lo paranormal y en segundo, por la forma dramática en que el profesor Caballero se vio involucrado, a su pesar, en el drama de estas hermanas desde el instante mismo en que un gesto altruista suyo lo impulsó a atenderlas terapéuticamente. Muy lejos estaba él de pensar que las triviales palabras que sirvieron para introducir a las hermanas Santander al círculo de sus amistades en una tranquila noche de verano en la casa de uno de sus alumnos, constituían realmente el preludio a la ruina de su vida, la de su familia y que, ulteriormente, causarían tantos trastornos a las personas que, de una u otra forma, colaboraron con él en la solución de un caso de aparente terapia al inicio y que rápidamente arrumbó hacia un extraño drama de orden paranormal.

Pero el calvario que envuelve a las hermanas Santander unido a los dramáticos avatares que, paralelamente, trastornaron la vida del profesor Caballero no agota la abarcadora intención expositora de los autores. De hecho, se adicionan otros casos que coadyuvan a esclarecer el insólito caso de las citadas hermanas.

La primera preocupación de los autores, durante la búsqueda en los abultados archivos del Profesor, estaba contenida en la pregunta: ¿Por qué algunas almas después de abandonar el cuerpo físico se quedan vagando prisioneras en ese limbo colindante con los seres humanos tratando de influir en ellos y otras ascienden tranquilamente a planos de luz que proporcionan reposo.

La segunda preocupación fue cómo lograr una comunicación inteligible con el lector, lo cual no resultó fácil si se tiene en cuenta que se trata de un tema árido en sí mismo para explicaciones científicas, manoseado a veces con fines insanos por numerosos charlatanes y casi siempre envueltos en los tabúes de dogmas religiosos.

Desechada, por tanto, presentar la materia como un tratado científico para un reducido grupo de especialistas lo cual negaba el propósito primario y único de los autores, decidimos que la narrativa, conforme al arte de la fabulación, era el mejor vehículo para llegar a todos. El resultado fue asombroso: una novela que trata de casos absolutamente veraces sobre vivos y muertos prisioneros en la tierra.

EL RETO

El teléfono vibró insistentemente antes de que lograra incorporarme con la pereza que retarda los movimientos de los soñolientos. Observé el reloj sobre la mesa de noche, indicaba las dos de la madrugada. Un humor bastante cercano al enojo se apoderó de mí cuando levanté el auricular.

—¿El señor Caballero? –clamó una voz al otro lado de la línea.

—¡Sí, sí! –respondí molesto, con el inconsciente tartamudeo de los que aún no han alcanzado la suficiente claridad mental.

—Lo llamo de la Save Security Alarm. Se ha presentado un problema en su oficina.

María, ya despierta, me interrogaba con la vista. Traté de calmarla con un gesto de la mano y demandé:

—¡Quiere explicarse, por favor!

—La alarma de la puerta principal se ha disparado –explicó la misma voz–. Pensamos que se trata de un desperfecto, porque el guardia de seguridad del edificio nos comunicó que no existen señales de intrusos.

Entonces, ya desperezado, intuí el origen de aquel incidente en mi consultorio.

—Saldré de inmediato para allá. Los contactaré si es necesario.

Corté la comunicación y dediqué algunos segundos a reflexionar.

—¿Qué ocurre, Juan? –preguntó María con cierta impaciencia en la voz.

—Es Pruna. Estoy seguro de que es Pruna –afirmé reflexivo. El odio abismal que siente contra mí lo tiene enloquecido dentro del consultorio.

—¡Qué!

—¡Vístete! Despertaré a Adonis para que nos acompañe. Él puede ser muy útil allá.

Diez minutos después, bajo la presión del apremio, mi hijo Adonis maniobraba el timón de nuestro auto para salir del estacionamiento.

Por los comentarios que surgieron durante el trayecto hacia el vecindario de Westchester, donde radicaba mi oficina, comprendí que las travesuras del espíritu de Pruna estaban causando trastorno en nuestra relación familiar.

El vigilante del edificio, que a todas luces estaba esperándonos, me salió al paso. En sus ojos señoreaban la aprensión y el temor y su voz delataba reprimida inquietud.

—Debe ser un problema con la alarma, profesor. Estoy convencido de que adentro no hay nadie . . . Y, sin embargo, varias veces he oído ruido de muebles que se mueven . . .

Esbocé una sonrisa que pretendí llevara un matiz tranquilizador.

—Gracias –dije–. Nosotros nos ocuparemos.

Obviamente yo no deseaba la presencia de ojos extraños en los acontecimientos que estaba seguro se iban a desatar tan pronto cruzáramos el umbral. Él no lo entendió así. Permaneció estático, observándonos con palpable curiosidad.

—No se preocupe, guardia, yo desconectaré la alarma –insistí, enfatizando cada palabra.

Mantuvo su tozuda mirada durante prolongados segundos, después se retiró.

Abrí y, de inmediato, percibí sobre mí aquel olor nauseabundo, casi escatológico, que delataba la presencia de Ramón Pruna. Avancé hacia el interior seguido por María y Adonis. La puerta se cerró tras mi espalda con innecesaria violencia. Me volví para darles una reprimenda, pero María, casi temblando, me pisaba los talones y Adonis movió la cabeza en medio de la oscuridad.

—Fue él, papi.

Pruna, pues, había comenzado a materializar sus reiteradas amenazas desde ultratumba.

Mis años de experiencia acumulados en el estudio e investigación en los fenómenos paranormales sólo sirvieron para provocarme un escalofrío y una sensación de desamparo como nunca antes la había sentido. Manipulé el interruptor de las bombillas y sólo aparecieron tenues reflejos mortecinos que apenas amortiguaban la oscuridad donde nos hallábamos sumidos. Quedé perplejo. Aunque opaca, la iluminación era lo suficientemente nítida como para permitirnos observar el desorden reinante en una oficina que yo había dejado arreglada con pulcritud a mi salida ocho horas antes. La voz de Adonis me produjo un sobresalto:

—¡Está allí! –anunció, señalando con el índice hacia la pared del frente.

La aguda percepción extrasensorial de mi hijo le permitía ver a Pruna donde yo sólo percibía los objetos dislocados sobre el piso de la pequeña antesala que daba paso a mi consultorio. Comprendí que era imprudente permanecer allí más tiempo.

—Desconectemos la alarma y salgamos de aquí –propuse–. En la sesión de la mañana le haremos frente con todo el personal.

Entonces, lo vi. Parecía querer demostrarme cuán grande era su capacidad de manifestarse por medio de las viejas tretas aprendidas en su largo peregrinaje entre su mundo de tinieblas y el nuestro desde los tiempos de la Santa Inquisición. Su plana figura informe pugnaba por adquirir una tercera dimensión, pero apenas lo conseguía en ciertas regiones de su cuerpo, si aquello realmente era un cuerpo. Incluso advertido de aquella verdad, no pude impedir un súbito erizamiento de mi piel. En la parte donde supuestamente debía haber un rostro se desdibujaba lo que intuí como una sonrisa impregnada de grotesco desdén. Fue una visión fugaz, casi instantánea, pero tan real como las descritas por Laura y Judith Santander en la hipnoterapia que les aplicaba para curar sus recurrentes pesadillas.

—¿Lo viste? –le pregunté a María.

—Sí, Juan –repuso, muy pegada a mí, transmitiéndome sus incontrolables temblores.

Avanzaba en dirección al panel fijo a la pared que contenía los controles de la alarma, resuelto a desconectarla, cuando Adonis me advirtió:

—¡Cuidado, papi!

Acto seguido, sentí que se abatió sobre mí una fuerza que paralizó mis movimientos y en enseguida me hizo rodar por el piso. Consciente aún de lo que estaba ocurriendo, me esforzaba por deshacerme de aquel abrazo invisible que abarcaba todo mi cuerpo. Experimenté náuseas. El fétido olor de Pruna me provocaba arqueadas de un vómito imposibilitado de salir. Presentí un desvanecimiento. Adonis se abalanzó sobre mí y tuve la sensación repentina de que algo salía expulsado de mi cuerpo. Las facultades de mis miembros renacieron y me incorporé espantado y asombrado a la vez. Sobre el cuerpo de mi hijo, quien insultaba con palabras obscenas al cuerpo astral que forcejeaba con él, parpadeaba una luz opaca perfilando una sombra que al instante se desvaneció y ante nuestro asombro las luminarias del techo adquirieron su brillantez normal y la iluminación se regó por la antesala de mi gabinete. Pruna, de momento, se había retirado, aunque su penetrante olor a flores muertas descompuestas flotaba aún en el ambiente.

—Se marchó –afirmó Adonis.

—Sí, ya no siento sus vibraciones –corroboró María.

Me dirigí a la alarma y le apliqué la clave para desactivarla.

Una hora después, sentado en la pequeña biblioteca de mi casa, me puse a meditar sobre aquel acontecimiento insólito en mi vida. Era un Hipnoterapeuta, estudioso de la parapsicología, a quien por primera vez se le presentaban las condiciones paranormales que permitían observar la materialización de un ser atrapado en el limbo del mundo oculto en torno al nuestro. Pero lo que me mantuvo en ascuas hasta la hora de salir para la oficina a impartir la última sesión de hipnosis a Laura Santander, la nuera de Pruna, fue la certidumbre que adquirí del carácter de reto que Pruna dio a nuestro encuentro en mi oficina durante la madrugada.

¿Cómo había comenzado este aparentemente inocuo evento de pesadillas recurrentes que desembocó en un reto entre un ser del mundo de las tinieblas y todas las personas que de una u otra forma colaboramos para solucionar el caso más complicado y devastador de todos los que tengo registrado en mis archivos?

CAPÍTULO I

LAS EXTRAÑAS PESADILLAS DE LAS HERMANAS SANTANDER

¿Quién no ha soñado alguna vez en su vida? ¿Quién no ha sentido la enigmática desesperación de la asfixia; o, acaso, ese inaudible grito de angustia provocado por una pesadilla en la tranquila soledad de la noche? ¿Son siempre estos estados alterados, durante las horas de reposo, un desahogo de nuestras cargadas mentes o también hay en ellos mensajes que somos incapaces de descifrar a causa de nuestra limitada capacidad sensorial?

Los sueños y pesadillas acompañan al hombre desde las noches de los tiempos y estamos condenados a vivir con ellos, unos más otros menos, pero ninguno seremos excepción.

En el relato que sigue se pone de manifiesto el palpable mensaje implícito en los sobrecogedores sueños repetidos de dos de mis pacientes sometidas a sucesivos trances hipnóticos y cómo ellas mismas hallaron las respuestas a las agobiantes preguntas que las atormentaban.

Laura Santander era, en la época que la conocí, una joven de unos veintiocho a treinta años, con un pelo lacio que caía sobre sus hombros como una cascada de un negro brillante y ojos del mismo color, grandes y rasgados. Su ropa sencilla colgaba con cierto abandono y permitía intuir bajo ella el estilizado cuerpo de una india genuina.

Mi primer encuentro con Laura tuvo lugar en medio del bullicio hogareño de la celebración de las bodas de plata de un matrimonio amigo mutuo, Linda y José Antonio Vales; este último uno de los alumnos más sobresaliente del curso sobre hipnosis que yo impartía entonces en mi escuela.

En el momento de la presentación, que la hizo José Antonio en los tonos jocosos que solía emplear: "El ejemplar más bello de la raza azteca que he conocido", yo percibí en la expresión de Laura la subyacente señal de las emociones reprimidas. Aunque, en contraste con ello, dio la impresión de una joven de aire desenvuelto que extendió su mano de dedos finos, muy cuidados, y respondió a mi saludo con graciosa timidez y la leve articulación de una voz que era casi un susurro: "Encantada de conocerlo".

Venía acompañada de su hermana, Judith, algo mayor y de formas muy parecidas a las suyas, aunque en mi apreciación no tan atractiva como ella.

La velada transcurría muy agradable. María, mi esposa, y yo, la disfrutábamos a plenitud. Entre otras razones, por el ambiente familiar en que se desarrollaba; pero, principalmente, porque el tema sobre la mente y los fenómenos paranormales acapararon la atención de casi todos los presentes.

Ya nos habíamos adentrado en la madrugada cuando Judith se me acercó y rogó que la acompañara hasta un saloncito que, al parecer, cumplía la función de pequeña biblioteca en aquel momento desierta.

—Profesor –me dijo con expresión preocupada–, la conversación de hace un rato me ha animado a preguntarle algo a solas. ¿Puede una persona tener pesadillas casi a diario sobre su esposo asesinado en extrañas circunstancias, percibir su presencia, sus olores y el apagado jadeo de su respiración como si estuviera vivo?

Naturalmente, no era nada nuevo para mí. Las experiencias con pacientes que tienen sueños anárquicos repetidos sobre hechos violentos son bastante comunes en la práctica de los hipnoterapeutas.

—¿Tu esposo fue asesinado?

—No, el de mi hermana Laura. Tras esa aparente calma que muestra se esconde el infierno de sus noches de pesadillas. Y cuando digo "infierno", créame, profesor, no estoy exagerando.

No era necesario que ella lo enfatizara. Sumaban decenas los casos similares tratados por mí en el curso de mi profesión, como para que no me diera cuenta de cuál era la tragedia que vivía su hermana.

Al borde del sollozo, me contó que Laura era la menor de los cuatro hermanos, dos varones y dos hembras, que habían tenido una infancia poco feliz en San Luis de Potosí, donde vivían. Allí, cuando todavía no había cumplido los veinte, Laura se casó con un hombre algo mayor que ella, pero de muy buenos sentimientos, que tenía un negocio de joyas en sociedad con otra persona por quien ella y toda la familia sentían poco afecto. Algún tiempo después, su esposo murió asesinado de forma extraña. Las autoridades nunca hallaron al autor del crimen, y su hermana comenzó a tener sueños y pesadillas en las que siempre estaba presente el cuerpo ensangrentado del esposo.

—¿Usted cree que pueda hacer algo por ella . . . o al menos lograr que esos sueños horribles no se repitan?

La voz llegó cargada con el acento de la súplica. El amor entre hermanos es natural, pero comprendí que entre ellas debía existir un lazo de unión filial muy fuerte. Yo estaba persuadido, por mis experiencias, de que un tratamiento hipnoterapéutico podría hacerle superar su estado, desalojando de su mente las causas que le daban origen. La pregunta era: ¿estaba su hermana dispuesta a someterse a los procesos terapéuticos bajo el trance hipnótico a que cada paciente está obligado para eliminar los comportamientos negativos que lo perturban?

—Creo que puedo hacer mucho por ella –admití–. Siempre que logre su cooperación.

—¡Oh, profesor, cuánto me alegra oírle decir eso! ¿Su cooperación? Por supuesto, la tendrá; yo me encargo de obtenerla. Ella está renuente a consultar médicos. El resultado casi nulo de otros tratamientos ha sido desalentador; pero por lo que hemos oído decir hoy aquí sobre usted, sé que podré convencerla. Si me espera un momento la traigo, ¿puedo?

Moví los brazos dando mi consentimiento. Ella se dirigió a la puerta y yo me senté a reflexionar sobre lo que me había dicho. Ni siquiera en la barahúnda de una fiesta familiar podía escaparme del reclamo de mi profesión. Encogí los hombros al recordar que aquélla no era mi primer cliente y probablemente no sería el último en consultarme en los sitios más insospechados.

Judith regresó del brazo de su hermana. Las invité a que se sentaran. Detrás de ellas, José Antonio apareció en la puerta interrogándome con uno de esos gestos que acentuaban la comicidad de su rostro. Le hice señas para que abandonara la biblioteca y me dispuse a escuchar la susurrante voz de Laura.

¿Qué había ocurrido en la vida de esta muchacha de hablar quedo que reflejaba en sus grandes ojos negros la sombra de una tragedia ocurrida ocho años atrás? Se casó muy enamorada de su marido, Ramón Pruna, y sólo dos años pudo disfrutarlo. Un asesinato tronchó su vida y para ella comenzaron imágenes de indescriptibles formas en las noches de sus caóticos sueños durante las cuales percibía la impalpable presencia de él, en la escena del crimen, aunque, pese a sus esfuerzos, no percibía con nitidez su rostro. En medio de aquel aquelarre, ella experimentaba la sensación de que en el asfixiante caos existía un detalle que no podía captar. Eso la enfurecía y despertaba atormentada, sintiendo todavía a su lado la intangible presencia del difunto quién, conforme a la percepción de ella, aún se hallaba en la alcoba rondando colérico. En medio de su desesperado relato, se le escapó un gritó: "¡es él, profesor, no percibo su rostro, pero sé que es él! Lo siento, lo huelo, casi lo puedo tocar. ¿Qué quiere de mí? ¿Por qué no me deja en paz?" A la exaltación siguió un irrefrenable sollozo. Se abrazó a la hermana y ésta fijó en mí una mirada de súplica.

El típico caso del ser que aún no ha cumplido su destino en la tierra y es sacado violentamente de ella, quedando atrapado en la lobreguez de esa zona impalpable que linda con los vivos. Pero algo más atrajo mi atención. Laura había confesado en una parte de su relato: "veo una sombra que en el sueño asocio con el asesino; tampoco tiene rostro . . . o no, no, veo algo parecido a un rostro deformado, monstruoso".

Era curioso, y despertó mucho mi interés, su incapacidad para percibir las facciones del rostro, donde con tanta claridad era capaz de describir el escenario del crimen. Dediqué un tiempo a calmarlas, pues ambas se hallaban bastante alteradas con los recuerdos relatados por Laura. Decidí citarlas para el lunes siguiente en mi oficina. Ambas aceptaron, aunque Laura lo hizo a regañadientes, después de la insistencia de su hermana.

La fiesta terminó bien entrada la madrugada y, cansado, María y yo nos retiramos para nuestro apartamento en South Beach. Dormimos casi hasta el mediodía, por suerte era domingo. Después del almuerzo, Laura volvió a ser objeto de mi atención. En realidad no había podido desalojarla de mi mente, pero fue María quien revivió el asunto.

—Este caso de Laura me trae a la mente el de Teresa, aquella muchacha que tú trataste a causa de las fuertes pesadillas que sufría después de ser violada por un hombre muy cercano a su familia, ¿recuerdas? Ella fue tu alumna en la Escuela.

Hice un ademán que pretendió dar a entender que lo recordaba, pero María al parecer no lo interpretó así e insistió:

—Fue por la época en que tenías el programa en la televisión: "Hipnosis ¿Mito o realidad?" Y la invitaste para demostrar cómo por medio de la regresión hipnótica se pueden resolver estos trastornos.

—Sí lo recuerdo, María, ¿cómo olvidarlo?

Ciertamente que el de Teresa fue un caso muy parecido. Se trataba de una paciente de un año y meses atrás. Por esa época, yo realizaba investigaciones a personas con pesadillas parecidas a la que sufría Laura. Entonces se presentó Teresa con una afección traumática provocada por la violencia de que había sido objeto: un individuo, amigo cercano a la familia, echó un narcótico en su bebida y, cuando todos se hallaban dormidos, abusó sexualmente de ella.

A partir de ese día las pesadillas repetidas durante las noches atormentaron a Teresa. La forma brutal en que se produjo la desfloración de la muchacha, que era virgen, trastornó su psiquis y los sueños torturantes vinculados al suceso fueron su acompañante obligado. Más adelante se podrá comprobar los puntos coincidentes entre lo acontecido a Laura y su hermana Judith.

En la mañana del lunes, yo tenía citado a un paciente a quien trataba su desequilibrio emocional manifestado por hechos inexplicables para él, cosa muy común en estos casos, puesto que generalmente se trata de eventos traumáticos registrados en la mente subconsciente. Le dije a María, que también fungía como mi secretaria, que le trasmitiera mi ruego a ese paciente de posponer la cita para la semana entrante, pues deseaba concentrar mi atención en Laura. En realidad no había en ello nada perjudicial para él. Los ataques de pánico que lo habían obligado a visitar mi oficina se hallaban en fase de desaparición. Pero, al día siguiente, debí confesarme a mí mismo que también me hallaba un poco ansioso, pues mi decisión fue precipitada. Se pospuso la cita del paciente y Laura no se presentó. Judith nos dio la explicación por teléfono: la pesadilla de la noche anterior había sido particularmente azarosa y prolongada. Ella había tenido que darle un sedante casi al amanecer y todavía Laura dormía. Aseguró que al día siguiente, martes, si yo podía atenderlas, ella misma la acompañaría a la oficina, en horas de la mañana porque su hermana aún mostraba temor y se resistía a asistir sola a la cita. Revisé mi calendario para el siguiente día y convine con ella en que podría atenderlas en la tarde.

No me inquieté por la aprensión que, según su hermana, hacía presa en Laura. Es frecuente encontrarse con pacientes que sienten temor a la hipnosis porque piensan que existe la posibilidad de quedar en la inconsciencia, de no regresar y tratan sus desajustes: fobias, pesadillas, o estados depresivos con fármacos que no van a la raíz del problema. En el grado de conocimiento que poseía ella sobre la materia, era aceptable y hasta justificado que experimentara temor. Con los tratamientos ya los superaría.

El martes, sobre las dos de la tarde, llegó Judith acompañada de su hermana. Yo me hallaba en el pequeño salón de espera despidiendo a una paciente, señora de edad avanzada, que había llegado unos meses atrás con un estado depresivo muy marcado por la muerte en un accidente de su único hijo, pero ya casi había rebasado el estado inicial con sucesivas sesiones. La mujer mostraba una euforia que fue contagiosa. Judith se volvió hacia su hermana. "Así saldrás tú de aquí", le dijo. Yo sonreí; María, tras su pequeño buró, también. Las hice pasar.

—Tomen asiento, por favor.

Normalmente, por razones de método, suelo hacer algunas preguntas preliminares que registro en un cuestionario y que constituyen un antecedente para la comparación durante la etapa de las sesiones. Así se lo hice saber. El estado de Laura y también el de su hermana, aunque ésta no tanto, era visiblemente tenso. Simulé arreglar unos papeles en mi mesa para darles tiempo a que se relajaran un poco y hablé con intencionado acento indiferente:

—Dijiste el sábado que a tu esposo lo asesinaron.
—Así . . ., así es . . .
—¿Qué arma utilizaron para cometer el crimen?
—Fue con . . ., con un cuchillo.
—¿A qué hora?
—No, no sé, no recuerdo ahora . . . Quizás fue como a las siete.
—¿Tú presenciaste el crimen?
—No, no . . .
—¿Tienes dudas?

Realizó un gesto de desesperación y se llevó las manos a la cara para cubrirse con ellas.

—¡Es lo que me desespera a veces tengo la sensación de que me hallaba ahí en ese momento –se golpeó la sien–. Es un escozor, un hormigueo en mi mente . . . Eso me desespera porque mis recuerdos más claros me sitúan en la cocina dándole la comida al niño cuando oí el grito de Ramón.

No me asombró su confusión. Bajo los efectos de fuertes presiones el subconsciente tiende a editar imágenes.

—Cálmate, y cuéntame como lo que recuerdes.

Después de varios segundos de meditación en que pareció estar haciendo reclamos a la memoria, comenzó su explicación:

—Anochecía. Yo me hallaba en la cocina dándole la comida a nuestro hijo que apenas tenía un año. Ramón se hallaba en la sala. Me parece haber oído que tocaron en la puerta. Luego sentí un grito, era Ramón. Dejé al niño en su sillita y corrí hasta la sala. La puerta estaba abierta y vi a Ramón con aquel cuchillo en el pecho y oí el ruido de alguien que corría. Ramón, con los ojos muy abiertos, parecía implorarle algo a una figura sin forma que se hallaba a su lado. En mis pesadillas, durante la noche, la asocio con una sombra . . . No recuerdo más . . . Perdí el conocimiento, no recuerdo más . . . –se volvió a cubrir la cara con las manos.

Judith aclaró:

—Después de recobrar el conocimiento, ella tuvo unos días en que perdió la noción de sí. Incluso hubo que posponer el entierro de Ramón por esa causa, y cuando volvió a tomar conciencia, comenzaron las pesadillas.

Laura asintió y fijó en mí sus grandes ojos implorantes; después exhaló un sollozo. Pese a que en el interior de mi oficina reinaba la agradable temperatura del aire acondicionado, en su frente brillaban finas gotitas de sudor. Expresé algunas palabras tranquilizadoras y, cuando la noté más serena, le hice algunas preguntas fuera del cuestionario.

—¿Las pesadillas comenzaron tan pronto saliste del shock?

Ella se frotó la nariz con un pañuelito y reprimió otro sollozo.

—No sé . . . Ahora no recuerdo . . ., creo que fue después del entierro de Ramón. Del hospital me trasladaron para la casa de mis padres, el día del entierro; allí tuve otro desmayo. –Se volvió y preguntó–: ¿No es así, Judith?
—Sí, aunque fue más breve.
—¿Regresaste para la casa donde vivías con tu esposo?
—Sí.
—¿Y comenzaron las pesadillas?

—Desde la primera noche –tuvo una especie de escalofrío y suspiró–. Entonces le pedí a mi hermana que me acompañara porque, pese a todo, yo quería estar cerca de él. Entonces pensaba que deseaba decirme algo . . . aún lo creo.

—Sí –intervino Judith–, yo accedí a irme a vivir con ella. Estábamos muy preocupados. Había bajado mucho peso y tenía grandes ojeras por la falta de sueño.

—¿Mejoraron las cosas con tu compañía?

Laura miraba hacia el techo distraída, como una persona que implora y Judith se tomó algunos segundos antes de contestar:

—Diría que no, profesor. Ni ella dormía ni me dejaba dormir . . . –percibí que se había quedado a mitad del trayecto de quien deseaba ser más explícita y se reprime a sí misma. Lo pasé por alto y pregunté:

—¿Y el sueño del niño? ¿Cómo era?

—Durante nuestra vigilia lo vigilábamos mucho, profesor –intervino Laura–. Su sueño era tranquilo, gracias a Dios. Lo dejé en México con mi mamá. Ella me lo cuida. Nosotras trabajamos aquí para ayudarlos.

—Voy a hacerle otra pregunta, Laura, que es muy importante. ¿No durmió usted fuera de su casa de forma regular en esa época?

—Sí, sí, naturalmente. Con frecuencia pasaba días en casa de mi mamá . . ., de hecho es ahí donde dormía hasta que vendí la casa para venirme hacia acá.

—¿Y allí los sueños . . .?

—No, profesor. No diré que desaparecieron definitivamente . . ., pero no se repetían con tanta frecuencia.

—¿Nunca has dejado de tener las pesadillas?

—Nunca. Un infierno durante todos estos años. He visto infinidad de médicos, psicólogos, uno de ellos me recomendó que me mudara; que los recuerdos de esa noche infernal del asesinato me estaban desequilibrando. Fue cuando decidimos ir a vivir a casa de mamá. Es cierto que disminuyeron algo, le repito; pero, desaparecer, nunca y . . .

—¿Y . . .?

Suspiró y su mirada angustiada se posó en mis ojos durante algunos segundos. Sus manos trémulas realizaron lo que parecía ser su gesto más común: cubrirse la cara para embozar sollozos.

—Desde que me vine a vivir a Miami, todo ha empeorado . . . Noche tras noche esos sueños crueles se repiten. ¡Odio las noches, profesor! Cuando logro algunos momentos de reposo, siento fuertes sacudidas y, al rato, de nuevo el mismo sueño: él mirándome con ojos informes y coléricos en su rostro sin rasgos. Siempre tratando de mostrarme algo, pero sólo veo aquel cuchillo asesino en su pecho manando sangre y la oscura figura imprecisa que parece amonestarlo . . . ¿Qué quiere decirme, Dios, qué quiere decirme? ¿Por qué tiene ese rostro horrible que es suyo y . . ., y no es suyo . . .? ¡Oh, Virgen Santa!

Procesaba silenciosamente la información contenida en su relato cuando observé un cambio en su faz. Acto seguido su cuerpo adquirió rigidez casi cadavérica y una fuerte sudoración apareció en su frente. Corrí hacia ella porque presentaba señales precursores de una pérdida de conciencia. Le di alcohol a oler y la insté a que tomara un sorbo de agua. Judith, muy tensa, nos miraba mostrando irreprimida inquietud. Le hablé a Laura quedamente para tratar de calmarla.

—¡Contrólate. En su momento aclararemos todo eso. Te lo aseguro.

—¡Oh, Dios, si eso fuera cierto!

—Mucho depende de cómo cooperes. Pero cuando te haga las regresiones al día, hora y momento en que el crimen se cometió, iremos desentrañando esos misterios que ahora te torturan. Por otra parte, es natural que los reclamos de él se intensifiquen a las horas de tu sueño porque es la etapa en que bajan las frecuencias cerebrales y esto provoca que se agudice tu percepción extrasensorial. ¿Cuánto tiempo hace que no visitas la casa donde se cometió el crimen?

—Poco más de un año. Además, ya no es nuestra, la vendí para cubrir los gastos del traslado hacia acá.

Me agarré la barbilla, pensativo.

—Eso influye –opiné.

—¿Qué . . .? ¿Qué quiere decir?

—Él ahora está prisionero en el lugar del crimen en medio de gente extraña y su desesperación y reclamos se incrementan para que veas lo que quiere mostrarte que de seguro es muy importante. Son fenómenos paranormales que muchas personas ignoran, pero es inútil negarlos.

—¡Dios del alma, qué he hecho!

—No te explico esto para que te desesperes. Tú vives en un mundo y él en otro, Laura. Es lógico que tu actúes conforme a las exigencias del mundo en que vives, no te lo reproches.

—Entonces, ¿qué debo hacer? ¿Cómo puedo ayudarlo?

—Esa pregunta tú misma la responderás en su momento. Ahora quisiera conocer otros detalles sobre los hechos ocurridos después del crimen. Por lo que me han explicado hasta ahora, el asesino nunca fue hallado, pero sin dudas hubo sospechosos. ¿No es así?

Laura parecía estar sumida en pensamientos lejanos y Judith tomó la palabra:

—¿Qué importancia tiene eso? –demandó molesta.

Sonreí y repuse con acento tranquilo.

—Las pesadillas están vinculadas al crimen, Judith. Por tanto, todos los que de una u otra forma tuvieron relación en vida con él, son importantes.

Insinuó una mueca y reprimió un encogimiento de hombros.

—Fue algo desagradable y desconcertante a la vez. Todas las personas que resultaron sospechosas de haber asesinado a Ramón, se hallaban entre la familia.

—Tu aclaración es muy importante, Judith. Porque, sin intentar hacer conjeturas tempranas, lo que el esposo de tu hermana trata de mostrarle en el sueño pudiera estar vinculado a ese hecho. Quisiera, por tanto, tener más detalles sobre ello. ¿Tú podrías?

—Sí, claro. Son recuerdos imborrables. El primer sospechoso, tanto para la familia como para las autoridades, fue Bracho, el primo de Ramón, quien tenía el negocio de joyas con él. Aunque Ramón lo apreciaba, nuestra familia nunca creyó que ese sentimiento fuera parejo; mutuo, quiero decir. Entre las amistades de ellos corría el rumor de que Bracho le estaba haciendo trampas en el negocio. Nosotros presumíamos que Ramón, conociendo nuestro criterio sobre su primo, no le decía nada a Laura sobre lo que estaba sucediendo entre ellos. La confirmación la tuvimos después del crimen, cuando Bracho nos dijo que el negocio estaba arruinado y se declaró en bancarrota, sin darle un sólo centavo a mi hermana. Sin embargo, ahora él es un próspero comerciante sin que sepamos de dónde salió el dinero para sacarlo a flote. Pero en aquel momento, la policía se lo llevó preso y lo mantuvo retenido varios días porque en la investigación llegaron a saber algo que nuestra familia desconocía: que entre Bracho y Ramón se produjo una pelea violenta por asuntos de negocios.

Los entrecortados sollozos de Laura resonaron con mayor fuerza. Judith hizo una pausa como para tomar aliento y, en ese breve espacio de tiempo, por mi mente se desplazaron muchas ideas. Entre otras, que mi función allí era la de relajar a los pacientes y la tensión crecía en mi pequeño gabinete como un muelle que se estira. Me puse de pie, di varias vueltas y hasta fingí ordenar por segunda vez algunos papeles en el escritorio. Finalmente, me detuve frente a la ventana que daba al exterior y me entretuve brevemente contemplando el tráfico por la avenida.

—Continúa, Judith –la insté con voz pausada.

—Salomé, una prima de mi mamá, fue otra persona de quien se sospechó . . .

—¿Una mujer? –la interrumpí.

—Sí, por celos. Salomé es una mujer brava y se enojó mucho cuando supo que Ramón se iba a casar con mi hermana . . . ella, ella era muy, muy . . .

—¿Entre ellos existía alguna relación . . .?

Los sollozos de Laura adquirieron la categoría de llanto histérico. Le di un vaso de agua del que bebió unos sorbos, después de
mi insistencia. La palabra "brava" parecía tener la connotación de
"violenta". Yo era reticente a creer que una mujer matara por celos,
pero no había límites hasta donde las pasiones fuertes de los seres
humanos eran capaces de empujar. Por otra parte, la tragedia comenzaba a perfilarse con ribetes sórdidos. Al menos eso intuí. Cuando
la calma pareció restablecerse, pregunté:

—¿Eran fundadas las sospechas de esas relaciones entre Ramón
    y Salomé?

El llanto de Laura, que se había apaciguado, readquirió nuevos
bríos y Judith bajó la cabeza, apenada.

—Ramón la dejó para casarse con mi hermana . . . –confesó
    atribulada.
—A lo que parece, Ramón era un hombre atractivo para las muje-
    res –opiné con un aire de indiferencia que estaba muy lejos de
    sentir.
—¡Oh, sí, mucho . . .!

Creo que la misma Judith se asombró de la intempestiva admiración implícita en la respuesta. Después de una rápida y apenada
mirada su vista se clavó en el piso.

Generalmente este tipo de sondeo preliminar no toma tanto
tiempo, pues se trata de llenar un formulario, en este caso ya agotado.
Pero me daba cuenta de que tal y como se perfilaba el problema de
las hermanas Santander, debía hurgar un poco en las interioridades
de la vida de la familia para que los posibles símbolos que se presen-
taran durante las regresiones, en los trances hipnóticos, me resultaran
más comprensibles y poder canalizar la información que surgiera del
modo más provechoso para la paciente. Y como podrá comprobarse
en las páginas que siguen, mi curiosidad, al margen del formulario,
arrojó ulteriores y sorpresivos resultados positivos.

—¿Algún otro sospechoso?

Judith levantó la cabeza y sus ojos grandes, color negro mate,
me observaron reflejando censura.

—¿Es necesario todo esto? –había cierta acritud en la pregunta. Pensé que veníamos para que usted le curara a mi hermana esos sueños horribles que padece.

Traté de calmarla. Su preocupación era justificada. Para una persona neófita en las cuestiones vinculadas con este tipo de terapia, mis indagaciones podrían resultarle banales y hasta cansinas, sobre todo una invasión de su privacidad; pero, conforme a lo explicado unos párrafos arriba, esta especie de confesión preliminar me resultó muy útil durante los trances hipnóticos a que sometí a las pacientes en los días que siguieron.

Las pacientes, y no "la paciente", no es un lapsus mental como se verá más adelante: Judith, aunque no lo confesó de inicio, también experimentaba sueños similares a los de su hermana y esa confesión no la había hecho nunca antes ni siquiera a las personas consanguíneas más próximas a ella. Claro, en aquel momento yo no podía suponer que cuando me abordó la noche del sábado en la biblioteca de la casa de nuestro mutuo amigo, no hablaba sólo por la hermana, sino que, en lo profundo de sus pensamientos, guardaba un secreto que le estaba produciendo un daño grave. Repetí la pregunta:

—¿Algún otro sospechoso?
—Sí, David –respondió con cierto tono brusco. Él y mi hermana noviaron antes de que ella se casara con Ramón.
—¿David?

El apagado jadeo a que habían devenido los sollozos de Laura, cesó. Miró a su hermana como quien censura, suspiró y se cubrió otra vez el rostro con las manos.

—Nadie en la familia aprobaba esas relaciones. No sólo porque él es nuestro primo hermano, sino por su carácter violento. Además de juerguista, era mujeriego. Mi hermana terminó rápida esa relación con él; hizo bien.
—Fueron sólo unos días –susurró Laura con pesadumbre. Pero David criticaba a Ramón. Decía que era un viejo para mí; no era verdad. Ramón sólo me llevaba quince años. Tuvieron una pelea con cuchillos que no terminó en tragedia por la intervención de algunos vecinos, y nunca más se hablaron. Después de la muerte de Ramón, David siguió insistiendo en que me uniera a él, pero yo no quise . . . Le tengo miedo.

El silencio se prolongó por casi medio minuto. Subyacía en toda aquella historia algo terrible y yo intuí que también turbio.

—Además del miedo, ¿sufres de algunos otros síntomas, Laura?

Su semblante mostró la expresión de quien no comprendió la pregunta.

—Depresión, ansiedad, fobias, temores . . .

—¡Sí, temores sí, profesor, eso sí! Con frecuencia siento la sensación de la presencia de algo desconocido. No sé porque lo asocio con una sombra, pero no hay duda de que, sea lo que sea, me acecha . . . que alguien quiere asesinarme, igual que a Ramón . . .

Hubo una súbita contracción muscular y el pánico se adueñó de la tersa piel trigueña del rostro de Laura, sus ojos se desorbitaron y su cuerpo adquirió la rigidez de una barra de acero templado. La reacción fue tan súbita que me tomó por sorpresa.

—¡Ahí está, ahí está . . .! ¡Mírelo, mírelo!
—¿Es Ramón? –le pregunté.
—No, no sé, no sé . . .

Presa de un ataque histérico se incorporó y corrió hacia la puerta. Me lancé tras ella y la detuve.

—¡Contrólese, Laura, por favor! Venga, siéntese.

Temblaba. Con suavidad la retorné al asiento. Observé a Judith, su cara reflejaba pánico. Empleé un minuto en volverlas a la calma con las palabras persuasivas del aval rutinario de la profesión. Cuando lo logré, me asomé a la puerta y le hice señas a María quien aguardaba recostada al marco.

—Oí los gritos, ¿qué pasó?
—Después te explico. Ven y conversa con ellas.
—Qué olor tan desagradable, Juan.

La observé un tanto asombrado porque yo también había percibido un extraño olor a vapores de azufre, pero no lo comenté.

Entrenada para las exigencias de nuestro trabajo, María comprendió enseguida la clase de ayuda que yo necesitaba en ese momento y, conversando sobre aparentes nimiedades, logró que se relajaran por completo.

Yo empleé ese tiempo para reflexionar acerca del hecho de que el estado mental de Laura pudiera estar evolucionando hacia una esquizofrenia reprimida de la cual las alucinaciones y el delirio de persecución son síntomas. Pero era mejor no adelantarse a sacar conclusiones que vendrían después de las sesiones de hipnosis. Una vez que la tranquilidad retornó al consultorio dejé a Laura en mano del repertorio persuasivo de María y me volví hacia Judith:

—No hubo más sospechosos, ¿no es así, Judith?

Parpadeó y sus ojos negros, fríos y secos me observaron inquietos. Su respuesta me dejó anonadado.

—Hasta de mí sospecharon –dijo.

Capítulo II

La proyección astral
la salvó del suicidio

En los años que llevo en mi profesión, que es a la vez la pasión de mi vida, he tropezado con no pocas personas afectadas por trastornos psíquicos provocados por los efectos, lentos, pero erosivos, de memorias negativas registradas en el subconsciente en las etapas de su vida que van desde el estado fetal hasta la edad provecta. En un porcentaje notable, estas personas han acudido a mí en momentos de crisis y recelosas de si en realidad la hipnoterapia sería la solución de sus problemas. Los recelos, más bien yo debía decir dudas, están presentes en las primeras sesiones de estos pacientes con la constancia casi obsesiva conque el Sol sucede a las noches.

Después de llenar el cuestionario inicial, la primera pregunta es: "¿la hipnoterapia me curará, profesor?"

Estas reflexiones me vienen a la mente a propósito del caso de Martha del Castillo, la sexagenaria a quien trataba por los trastornos mentales que comenzó a sufrir a partir de la muerte de su único hijo, Ernesto, en un accidente automovilístico y los efectos colaterales que se derivaron de la relación que se estableció entre ella y las hermanas Santander.

Como suele suceder en las antesalas de los profesionales dedicados a actividades similares, los pacientes intercambian opiniones durante la espera y de una u otra forma esto sucedió entre Laura, su hermana Judith y Martha del Castillo. Esta última me lo contó en la sesión siguiente: las hermanas Santander la habían visitado para conocer los resultados que ella había obtenido con el tratamiento.

Fue positivo que esa relación llegara a establecerse en los momentos en que Martha había superado todos los problemas psíquicos que padecía y sus visitas al consultorio obedecían a sus deseos de erradicar la adicción al cigarro que, como ella misma había comprobado, estaba afectando su salud.

Cuando Martha me visitó por primera vez, invocó el programa de radio "Consejeros de la Mente" que a la sazón yo realizaba en una emisora de la ciudad de Miami. En este programa debatíamos con la participación de los oyentes los casos reales más significativos presentados por mis invitados: médicos, psicólogos, parapsicólogos e hipnoterapeutas.

En medio de los debates ofrecíamos con frecuencia consejos a oyentes que lo solicitaran y esto fue la fuente de no pocos de los pacientes que posteriormente acudieron a mí; entre ellos, Martha del Castillo.

La primera visión que tuve acerca de su físico fue la de una mujer que había bajado mucho de peso. A sus blandos músculos se pegaba la piel como un vestido ajado a un cuerpo sin forma. Sus años iban más allá de los sesenta y, sin pretender ser cruel con ella, los que ignoraban su edad podían atribuirle más sin tomar conciencia del error. La papada colgante era otra señal indicativa de que Martha había perdido mucho peso recientemente. Y su estado caótico de nervios se evidenció en sus repetidos intentos por encender un cigarrillo con el final del que acababa de fumarse. Un observador no atento la hubiera podido confundir con un enfermo del mal de Parkinson, porque, además de los temblores, Martha venía acompañada por otra persona, vecina suya según supe después, que casi le servía de bastón.

Cuando comencé a llenar el formulario, aparecieron las razones que habían llevado a Martha a aquel estado físico tan desastroso: Desde hacía dos meses su alimentación, si pudiera llamarse así, consistía de café, cigarrillos y algún que otro plato de sopa que, obligada por su samaritana vecina, tomaba a regañadientes.

Utilicé las palabras de rigor en un intento por lograr el relajamiento que me permitiera llenar el cuestionario. Ella pareció calmarse algo, pero fue su vecina y acompañante, Helena, la que tomó la palabra:

—Profesor –dijo con acento de preocupación– he venido con ella porque en realidad está muy mal. En dos meses ha perdido más de cincuenta libras y vive sólo de café y cigarros desde que Ernestico murió en ese maldito accidente . . . Eso no es vida, ¿verdad? . . . Yo le digo: "¡Martha, si sigues así vas a morir!" . . . Pero no me hace caso.

—¿Vivir? ¿Para qué? –intervino Martha con voz lejana y profunda–. Quiero estar con él . . . ¡quiero morir!

Yo había tratado en distintas ocasiones a personas que, sumidas en una melancolía profunda por la pérdida de un ser querido, presentaban tendencia al suicidio, pero no recordaba ningún caso en que utilizaran como medio la inanición; y si, como se hizo evidente a mis ojos, Martha continuaba rehusando ingerir alimento pronto alcanzaría sus deseos.

—Vamos, Martha –dije–, Ernesto . . . Así se llamó su hijo en vida, ¿no?

—Sí –musitó en tono casi inaudible.

—Ernesto cumplió su ciclo entre los vivos –continué–. Salió de forma violenta, es lamentable, pero ya no se halla entre nosotros; usted sí. ¿Por qué quiere morir?

—¿Vivir? ¿Para qué? Sin él mi vida carece de sentido. Yo lo ama-
manté, lo crié, a mi lado creció; yo me sacrifiqué para que
pudiera estudiar una carrera . . ., ni siquiera se casó para no
separarse de mí. Y ahora me lo arrebatan en la flor de la vida.
Fue el mejor de los hijos y el mejor de los hombres . . ., en su
trabajo lo adoraban, todos lo querían . . ., ¿verdad, Helena?
Tú lo conociste, no había nadie que se le parara delante para
compararlo . . ., ¿dime si miento? Tú también lo quisiste como
a un hijo. ¿Recuerdas como bromeaba contigo?

Helena asintió cabizbaja.

—Ernestico fue el mejor –confirmó.

Era un cuadro patético el que tenía delante de mí. Aquella mujer
parecía caerse a pedazos.

—Hay que tener fe, y seguir adelante. Dios . . .

—¿Dios? –me interrumpió– ¡No me hable de eso! He leído la
Biblia y en ningún versículo hallé la explicación de por qué un
niño bueno como Ernestico tuvo que morir tan joven sin
haberle hecho nunca daño a nadie. ¿Usted sabe por qué estoy
aquí . . .? Por ella –señaló hacia su amiga–. ¡Ya no creo en nadie
ni en nada, profesor!

El énfasis resultaba superfluo. Intuí enseguida la degradación pau-
latina de todos los valores morales sobre los cuales había susten-
tado su vida. El "Ernestico", a quien todavía llamaba niño y, conforme a la lógica más simple, debía de tener más de treinta años a
su muerte, hablaba muy bien de cuán posesiva era esta mujer. La
muerte del hijo también había afectado sus valores éticos y religiosos, ¿hasta qué punto?

—Comprendo la magnitud de su dolor, Martha. Sé que a veces
éste es tan grande que nubla la razón y nos hace decir cosas
que realmente no sentimos.

Comenzó a sollozar queda y lastimosamente y, por una especie
de simpatía mimética, también lo hizo Helena. Las dejé llorar
durante un rato porque conocía el poder relajante del llanto en determinadas situaciones. Cuando las observé más calmadas, dije, quizás innecesariamente:

—¿Dígame qué puedo hacer por usted, Martha?

—Perdóneme, profesor, perdóneme. A veces no sé lo que digo. Yo vine . . ., yo vine porque quiero ver a mi hijo. Hace varios días oí en un programa suyo por la radio que una muchacha se había puesto en contacto con su hijo muerto a los ocho años por algo que usted llamó proyección astral . . . ¿Podré ver a Ernestico?

Me quedé observándola. No era mi función cuestionar los motivos de mis pacientes o posibles pacientes, pero por mi mente cruzó la censurable idea de que en el deseo de ver a su hijo muerto estaba presente la pasión posesiva que aquella mujer sentía por él.

—Sí, es posible –afirmé–. Si concurren determinadas condiciones, usted puede, bajo un trance hipnótico, penetrar en su archivo subconsciente e incluso proyectarse hacia la dimensión de un mundo coexistente con el nuestro donde, en diferentes planos, conviven seres desencarnados.

Algo semejante a un reflejo de encantamiento brilló en el iris de sus ojos.

—¿Si llego allá podré quedarme con él?

Sonreí condescendiente.

—¿Usted quiere quedarse, Martha?

—¡Sí! –afirmó enfáticamente–. Si tengo la oportunidad de quedarme con Ernestico, no vuelvo a este infierno donde vivo.

—Permítame explicarle –dije con ternura– que buscar la muerte con el propósito de estar cerca de su hijo, no la ayudará. Usted puede quedar prisionera en un plano muy bajo, y no contactar con él por grande que sean sus deseos, como suele suceder a todo el que, en el momento de su fallecimiento, se hallaba obsesionado con problemas, objetos o personas en la tierra.

Le brotó un nuevo y apagado sollozo.

—¡Oh, Dios! –exclamó.

—Pero no desespere. Creo que nosotros podremos hallar otra solución si usted coopera.

Interpreté su asentimiento como una aceptación y comencé a prepararla para inducirla al trance hipnótico, mientras le contaba ejemplos de casos que yo conocí donde el suicida había quedado atrapado en un plano oscuro de la otra dimensión experimentando torturas aún mayores que las que sufría en la tierra.

Al rato, Martha alcanzó una relajación tal que le hizo descender su frecuencia cerebral hasta un nivel profundo. Le hice seña a Helena y ambos salimos del gabinete con sigilo. En el saloncito de espera, ella preguntó:

—¿Qué le pasó a Martha?

—No se preocupe, Helena. Ella duerme. Está demasiado agotada. El cansancio y sus preocupaciones no le permitieron mantenerse en el sueño hipnótico. Si lo desea siéntese, lea alguna revista.

—Sí, gracias. La esperaré porque ella para mí es como una hermana. ¿Usted sabe que antes de venir a verlo leímos juntas muchos libros de metafísica y parapsicología?

—Oh, qué bueno.

Comenzamos a hablar y una conversación que, subjetivamente, consideré poco provechosa al inicio, resultó ser de mucho valor dado el grado de afinidad que existía entre aquellas dos mujeres.

Ya habían transcurrido más de dos horas cuando comencé a despertar a Martha con palabras suaves y afirmaciones positivas. Volvió en sí apaciblemente. No recordaba nada de lo sucedido y preguntó:

—¿Qué ocurrió? Me parece que he dormido cien horas . . . Pero no recuerdo haber visto a mi hijo.

Le sonreí para transmitirle confianza y coadyuvar a los síntomas de recuperación que mostraba.

—Usted no estuvo en un trance hipnótico, Martha. Se quedó dormida y el sueño fisiológico, cuando es profundo, casi nunca deja huellas en la conciencia. Por esa razón no recuerda; sin embargo, ya usted comprobará, cuando yo la lleve al trance hipnótico, que los procesos mentales internos dejan abierta la percepción de sus sentidos. Usted estará en contacto con el mundo invisible, para mí, de los espíritus y me comunicará lo que ve o hacen los seres con los que usted logre contactar.

—Entonces, ¿me hipnotizará?

—Sí, Martha, pero nada de bebidas alcohólicas ni de narcóticos.

—No bebo, profesor –objetó ella haciendo una mueca de desagrado–, pero tomo muchas pastillas tranquilizantes.

—Sí, lo sé, de eso se trata. ¿Pueden venir las dos, mañana a las diez?

Ella miró hacia su amiga como buscando su aprobación. Helena consintió con un ademán de su cabeza y preguntó:

—¿No puede ser más temprano?

—Nunca menos de las nueve y media, Helena.

—Muy bien, profesor. Aquí estaremos.

Después que se retiraron, María y yo sostuvimos una conversación acerca del caso que se nos había presentado. Una mujer, probablemente de muy buena formación moral y religiosa, a la que un complejo de posesión sobre el hijo la arrastraba al suicidio. Valoré como positiva su reacción cuando le expliqué que el suicidio era la peor de las soluciones para lograr sus propósitos.

Al día siguiente, llegaron puntuales a la cita. Les observé a ambas muy relajadas y, quizás una apreciación exagerada mía, con semblantes optimistas.

Aproveché esa coyuntura y comencé la inducción. Martha respondió muy bien. Utilizando un lenguaje simbólico la induje a bajar una escalera, mientras yo iba contando regresivamente. Por fin, en el escalón que coincidió con el número dos, comenzó a describir con voz suave y regocijada las bellezas de una caída de Sol ante un mar tranquilo sobre el cual revoloteaban gaviotas de diversas tonalidades, mientras oleadas de brisas golpeaban su rostro. Comprendí, por esas señales, que Martha había trascendido las fronteras de la conciencia y se había adentrado en una zona profunda del subconsciente.

Una de las condiciones que manifestó bajo el trance, muy positivo para su proceso terapéutico, fue que había alcanzado el nivel adecuado en el cual se rompen los patrones de conductas preestablecidos y se liberan las inhibiciones. Comencé a hacerle las preguntas iniciales:

—¿Te sientes cómoda en esa playa?

—Sí, muy cómoda. La veo desde arriba; estoy junto a las gaviotas.

Era otro síntoma positivo. Bajo la presión emocional por la que transitaba Martha, era lógico que su mecanismo de defensa reaccionara provocándole un escape de la realidad objetiva. Esa señal de paz y tranquilidad de que daba muestra, contrastaba con la angustia y el dolor provocados por la pérdida del hijo.

En la sesión de ese día, Martha regresó a momentos de su niñez muy dolorosos para ella: su padre, por lo que me contó, tenía grandes virtudes; sin embargo, sumida en sus memorias revivió los días de violencia brutal que él ejercía sobre ella y su madre. Sus espantosos gritos trascendieron las paredes. Helena irrumpió muy asustada al cubículo. María, quien sí sabía lo que estaba ocurriendo, penetró detrás de ella. Me hizo una señal de que le había sido imposible detenerla.

—Todo está bien, Helena. Espere afuera –ordené.

Sus ojos espantados se hallaban fijos sobre su amiga que aún se retorcía inquieta en el sillón somatizando los golpes que recibió de su padre, en la niñez. Por suerte, María logró sacarla cerrando la puerta tras ellas.

Manejé el desahogo emocional que le provocó ese encuentro con el pasado de modo que me permitiera inducirle nuevos procesos correctivos. Más sedada y de vuelta a la playa simbólica, pregunté:

—¿Cómo te sientes, Martha?

—Estoy bien, profesor. ¡Hay tanta paz aquí! El Sol está cayendo y el mar muy tranquilo. Pero pienso en lo terrible que fue mi niñez con un padre tan violento. Ahora entiendo porqué mi amor por Ernestico me llevó hasta el punto de sacrificarlo todo por él. Después de la muerte de mi esposo, cuando todavía éramos jóvenes, sólo mi hijo llenó el vacío de mi vida.

Comprobé, por el estado anímico que mostraba, la buena disposición emocional que facilitaría un regreso al día aciago en que tuvo que ir a la morgue para identificar el cuerpo destrozado del hijo.

—Martha –le dije–, debes, por tu bien, regresar al día del accidente de Ernestico. Las emociones que liberes en ese encuentro te ayudarán mucho a estabilizar tu vida actual.

—Si usted lo considera necesario, profesor, lléveme.

De inmediato preparé las condiciones conforme al procedimiento adecuado y un instante después, Martha dio señales de haber encontrado el momento más doloroso de toda la sesión. Fuertemente contraída y derramando lágrimas entre sus párpados cerrados, gritaba:

—¡Oh, Dios mío, por qué te llevaste a mi hijo . . . mi hijo muerto! ¡Virgen Santa, Virgen Santa, por qué a él . . . por qué a él!

Sus gritos alcanzaban ribetes de locura y los músculos de su cuerpo, ya rígidos, se convirtieron ahora en tensas cuerdas rosadas. Unos minutos después, mediante a una técnica sedante muy común en el arsenal de mi profesión, la retorné a la tranquilidad. Al terminar la sesión, Martha mostraba un semblante de paz y confort que hasta para mí, acostumbrado a ver mis pacientes salir de trance, fue muy alentador. El rostro de su amiga pregonaba su satisfacción.

—¡Mira, Helena –exclamó entusiasmada–, ya no tiemblo!

En las sesiones que siguieron, Martha daba cada vez señales más evidente de estar recuperándose. Asistía acompañada por su amiga de forma muy esporádica y ni siquiera aludía en su conversación a aquellas palabras desesperadas de juntarse a ultranza con el hijo. En una de estas sesiones me preguntó:

—Profesor, hay algo que no entiendo, ¿por qué no sueño nunca con Ernestico si yo siempre acostumbro a rezar por él antes de acostarme?

—Quizás por eso, Martha. Tú fuiste buena madre. Te preocupaste por él. Te sacrificaste para que pudiera estudiar y lograr sus metas y ambiciones en la vida. Por esa razón, el inconsciente no te castiga provocándote sueños repetitivos. Pero si tu deseo es tener un encuentro con él, haremos lo posible por lograrlo.

—¡Sería grandioso para mí, profesor!

A la siguiente sesión, Martha vino de una excelente disposición de ánimo y, sin perder tiempo, comencé a trabajar sobre ella para que lograra proyectar su conciencia al mundo espiritual. Su percepción extrasensorial era muy aguda y al rato comenzó a contarme maravillas acerca del lugar paradisíaco donde se hallaba su hijo. Estaba muy bien. Rodeado de muchos seres de amable apariencia y miradas tiernas. Le permití durante un rato que se extasiara y, cuando suavemente la traje a su memoria consciente, su rostro rebozaba felicidad. Después de unos minutos de reposo contemplativo, confesó:

—¡Gracias a Dios está bien, ya no necesito más!

En las sucesivas sesiones, el énfasis del tratamiento que le apliqué a Martha estuvo dirigido a que tratara de superar la adicción al cigarro que como secuela le había quedado después de rebasados sus trastornos emocionales. Por la época en que me hice cargo del caso de Laura y su hermana Judith, ella visitaba mi gabinete con ese propósito.

Observemos la distancia que media entre ambos casos. En la información preliminar que esbozamos en el primer capítulo y que alcanzarán su clímax en los que siguen, en la familia de Laura existía una sórdida relación que condujo al asesinato del marido, Ramón, y este quedó prisionero en la frontera nebulosa que divide el mundo de los vivos y los muertos pugnando por buscar en la tierra las soluciones a los problemas que dejó en ella y a ella se siente atado. Atrapado como en una pesadilla tormentosa que no le permite el descanso, Ramón no dejará que nadie de su familia vinculado a su muerte lo tenga tampoco.

En cambio, tenemos el hecho contrastante y, sin duda, aleccionador, de Ernesto, quien muerto también de forma violenta asciende enseguida a planos elevados de luz porque en su tránsito por la tierra vivió conforme a una relación recíproca de amor y su evolución interna no le impedía subir a niveles espirituales superiores.

Capítulo III

Bajo el trance, una sombra trató de estrangularla

La visita concertada en el salón de espera de mi oficina, entre las hermanas Santander y Martha del Castillo, y que se efectuó al día siguiente, miércoles, sólo surtió un efecto positivo parcial. Martha le mostró a ambas unas fotos de los días posteriores a la muerte del hijo. En ellas presentaba el aspecto desastroso que describimos en el capítulo anterior el cual contrastaban de modo relevante con su apariencia actual.

Judith quedó satisfecha con las explicaciones de Martha y mostró entusiasmo, pero Laura, que también aceptó como buenos los resultados que presentaba su anfitriona, le objetó a su hermana que no entendía por qué para curarle las pesadillas eran necesarias todas aquellas preguntas sobre su vida y la de su familia que yo le había hecho, y se negó de modo categórico a asistir a la siguiente sesión.

Martha, con quien yo mantenía una relación amistosa que iba más allá de la que existe entre el paciente y el profesional, me comunicó que el rechazo de Laura a presentarse en mi consultorio se vinculaba no sólo con mis preguntas, sino con el pánico que le provocó ver en aquel lugar a la sombra presente en todas sus pesadillas. Al día siguiente, tuvimos la confirmación por boca de Judith, cuando llamó por teléfono a María para comunicarle que su hermana estaba renuente a continuar el tratamiento. De la conversación que sostuvieron, María dedujo que realizaban planes para regresarse a México.

Como ser humano, lamenté la decisión de las hermanas Santander, porque yo poseía la convicción de que podía curarlas, y como profesional sentí que me privaría de un caso que, según intuí, presentaba ribetes insólitos. Me desentendí pues de las hermanas aquejadas de pesadillas repetidas y continué con mi trabajo.

Transcurrió una semana sin saber de ellas. Pero, al octavo día, María recibió una llamada de Judith, quien con acento lastimero le dijo que Laura estaba atravesando por una crisis de depresión muy fuerte. Llevaba tres días sin bañarse y rehusaba ingerir alimentos. Para colmo, podía perder, por ausencia, el trabajo en la casa donde cuidaba a una anciana.

—¿El profesor no podría venir por aquí? Ella rehúsa salir del cuarto.

Aunque María no ejercía en ese momento, había estudiado hipnoterapia y sabía que no era éticamente correcto visitar a los pacientes en su casa, pues esto afecta la credibilidad profesional. No obstante, presumiendo que la situación de las hermanas no debía ser nada agradable, le dijo a Judith que trataría de buscar una solución al problema.

Por la tarde, cuando salió el último de los pacientes citados para ese día, nos pusimos a debatir la mejor manera de ayudar a las hermanas Santander. Y a María se le ocurrió que, como las conocimos en la casa de nuestro amigo José Antonio Vales, quizás él tuviera sobre Laura la licencia que concede a veces la amistad para convencerla de que debía, por su bienestar, continuar el tratamiento. No me resultó difícil lograr que José Antonio sirviera de emisario de buena voluntad, sólo fue necesario que le explicara, sin entrar en detalles, cuál era el estado psíquico de Laura para que accediera gustoso. En el grado de conocimiento que él poseía sobre la materia, como alumno mío, no ignoraba cuál sería el desenlace de su amiga si no recibía tratamiento sistemático inmediato.

El resultado no se hizo esperar. Nuestro ruego se lo hicimos en horas de la tarde, y a las diez de la noche recibimos la respuesta en nuestra casa. Nos llamó desde el teléfono de las propias hermanas Santander:

—Mañana a las nueve, si puede atenderla, espere a su paciente en su gabinete, "profe".

Después de contar uno de esos chistes que siempre tenía a mano hasta en las situaciones más solemnes, colgó. Cuando le expliqué a María el resultado de la gestión realizada por José Antonio, me recordó que al día siguiente tenía clases y que, en su opinión, sería un mal día dado que las hermanas, en especial Laura, lo que objetaban era ausencia de privacidad. Mi reacción inicial fue la de concordar con ella, pero un breve análisis realizado entre los dos arrojó que la peor de las soluciones era justamente posponer la cita y analizamos la conveniencia de hacerlas participar en las clases de alguna forma. Pero en ese momento no se nos ocurrió nada viable y lo dejamos dentro del margen de la improvisación al día siguiente.

El tema que nos proponíamos a abordar en esa clase se vinculaba con la transmisión del pensamiento y entre los invitados se hallaba un matrimonio, oyente asiduo del programa radial que manteníamos cn el aire. Esta pareja poseía el don de la comunicación telepática y sus sueños, según una llamada telefónica que hicieron a la estación de radio varias semanas atrás, eran pasmosamente idénticos.

A la mañana siguiente, antes de las nueve, ya las hermanas Santander se hallaban en el saloncito de espera. María me lo comunicó por el "ínter" y yo salí a saludarlas. Acostumbrado como estoy a la disciplina impuesta por la profesión, no mostré el asombro que correspondía al cambio que percibí en el rostro de Laura. Ni los cosméticos, que sin duda Judith le obligó a que usara, pudieron atenuar completamente el efecto de deterioro que en una semana había dejado en ella la profunda perturbación psíquica por la que atravesaba en ese momento. Valoré como positivo que ella misma se diera cuenta de su situación. Las dos horas que mediaron entre las nueve y las once, en que debía comenzar la clase, pensé emplearlas en tratar de desahogar algo su estado emocional provocándole la emersión de algunos recuerdos tristes bajo los efectos de la hipnosis. Pero fue imposible. Las inducciones de relajación la llevaron a un sueño profundo, tal era su estado de agotamiento. La dejé reposar, consciente de que el descanso le haría mucho bien y me dispuse a escuchar las valiosas confidencias de Judith sobre lo que había ocurrido los últimos días en su casa.

A las once de la mañana, María me avisó que ya todos los citados se hallaban en el salón donde solía impartir las conferencias. Invité a Judith para que asistiera como oyente y aceptó, casi podía afirmarse que con entusiasmo.

Entre los hechos que están presentes con frecuencia en los centros donde se investiga y estudia lo paranormal, se hallan los fenómenos telepáticos que tienen lugar entre personas de fuertes lazos de afinidad conceptual y una capacidad muy aguda de recibir y trasmitir estímulos entre ellos. Estas capacidades, como mencionamos en uno de los párrafos anteriores, las poseían mis invitados, los esposos Melba y Pedro.

El carácter a veces efectista que tiene este tipo de demostración mantuvo muy activa a la clase y se nos perdonará que no entremos en detalles que nos desvíen de las hermanas Santander. Pero un hecho resaltó allí que lo vinculaba a ellas.

Además de otras dotes extrasensoriales, Melba poseía la capacidad de clarividencia y habló de modo convincente del pasado de algunos de mis alumnos y para mi asombro, que estoy acostumbrado a lo insólito en mi profesión, me predijo, bajo el trance, lo de una paciente con la que yo habría de tener una experiencia terrible. No sé si Laura ya incorporada a la clase, o Judith, percibieron lo mismo que yo: La clara alusión a "una" paciente y no a "un" paciente.

—¡Terrible! ¿Por qué terrible? –pregunté intrigado.

Melba experimentó una especie de escalofrío y su piel se frisó adquiriendo el aspecto de lo que se conoce como "carne de gallina".

—¡No, no! –gritó–. ¡Es algo oscuro y maligno! ¡Ayúdeme a salir, ayúdeme a salir!

Todos los presentes se hallaban muy sobrecogidos. Melba mostraba en el rostro la deformación que producen los estados desesperados y yo, que no tenía con ella suficiente relación de amistad, no quise insistir y la saqué del trance.

La clase concluyó. Estaba seguro de que la conmoción final durante la hipnosis de Melba daría origen a preguntas, conforme a las normas preestablecida, y realmente no deseaba dar respuestas delante de las hermanas Santander. La solución fue, pretextando un asunto pendiente fuera de mi oficina, comunicar que debía salir de inmediato.

—La siguiente clase –anuncié– la iniciaremos con un debate sobre el tema.

La impresión que me produjo las palabras de Melba continuó martillando mi mente durante todo el domingo y a María le ocurrió lo mismo. Era extraño. El estudio de la parapsicología había tomado gran parte de mi vida, pero siempre vi sus manifestaciones, desde el punto de vista perceptivo, como algo vinculado a otras personas. Sin embargo, las palabras de Melba me dejaron la impresión de que ahora no se trataba de una experiencia que percibiría como simple observador, sino que me hallaría dentro del círculo que apresaba a los protagonistas del fenómeno "terrible" que ella vaticinó. Y algo había en esa predicción que yo intuí el primer día de mi encuentro con las hermanas Santander. Claro, mi estado de ánimo en nada favorecía la objetividad profesional. Pero en aras de relatar los hechos tal y como tuvieron lugar, debo admitir que ese domingo no me sentí bien y después de un ejercicio de relajación, realicé una larga reflexión cuyo corolario fue que debía estar preparado para cualquier tipo de sorpresa.

Ese lunes se presentó gris. Las nubes eran bajas, densas y muy negras. Puesto que durante la noche no había dormido bien, ni María tampoco, al parecer el tiempo también contribuyó a que a la llegada a nuestra oficina estuviésemos aquejados de ese humor negativo que los profesionales estamos obligados a esconder por exigencias éticas.

A las nueve, llegaron las hermanas Santander. El maquillaje era notorio en el rostro de Laura, pero ambas presentaban ese aspecto de tranquila resolución que parecía indicar la superación de sus indecisiones. Les franqueé la entrada al interior de mi cubículo y, con un ademán, las invité a pasar.

—Estoy en sus manos, profesor –anunció Laura en un tono que bien podía aceptarse como jocoso–, pero nada de preguntas. Lo que quiera saber pregúntemelo cuando esté dormida . . . La hipnosis es un sueño, ¿no es así?

—Puede llamarlo de esa forma si lo prefiere –admití–. ¿Qué tal la clase del sábado? ¿Les gustó?

—¡Oh, sí –exclamó Judith–, mucho! Por eso estamos aquí. Laura . . ., y yo también, no hemos pensado en otra cosa desde ese día . . . Esa mujer hablaba de mi hermana, ¿verdad?

—¿Qué te hace pensar eso, Judith?

—No lo sé, profesor, realmente no lo sé. Pero cuando ella habló yo sentí escalofrío y mi hermana también. Además, esa noche ningunas de las dos dormimos y nuestros sueños fueron horribles, como anunció esa mujer.

—¿Horribles en qué sentido? –pregunté intrigado.

Judith se cubrió la cara y Laura hizo el gesto de quien reprime un sollozo.

—Es la sombra, profesor, esa maldita sombra que nos acosa noche tras noche, desde que mi hermana tuvo la desgracia de unirse con Ramón.

La confesión de Judith era de sumo interés para la investigación. Soñaba lo mismo que la hermana, pero ahora lo confesaba por primera vez y aquello venía a confirmar lo que por intuición yo había sospechado: el hilo que unía a aquellas dos hermanas trascendía lo filial para adentrarse en lo metafísico.

—¿Sueñas siempre lo mismo que tu hermana, Judith? –hice la pregunta con entonación trivial.

Su respuesta fue palpablemente defensiva:

—¡No, no, no siempre . . . ¡Sólo el sábado, fue el sábado!

Hubo demasiada vehemencia en la respuesta, Judith escondía algo. Me puse de pie, fui hasta el archivo y tomé el expediente de Laura. Yo recordaba que en nuestra primera sesión, casi dos semanas atrás, ella había hablado de una sombra al lado del cadáver del marido, pero quería estar seguro. Efectivamente, allí estaba. Me volví hacia ella.

—¿La sombra que no las dejó dormir el sábado fue la misma que viste al lado de Ramón el día que lo asesinaron y, además, se presentó en mi oficina la primera vez que ustedes me visitaron?

Prorrumpió a llorar:

—Sí, sí . . . –balbució.
—¿La misma que te acosa desde la muerte de Ramón?
—Sí . . ., sí.
—¿Estás segura?
—Sí, sí.

Yo necesitaba estar seguro de que no se le presentaban visiones similares, antes del asesinato del marido.

—¿Cuándo eras niña, no veías sombras, no oías a veces voces sin saber su procedencia?

Ahogó un sollozo y movió la cabeza afirmando:

—Tenía mucho miedo a la oscuridad y oía que me hablaban . . . nunca pude saber quién era . . . ¡Guadalupita, ayúdame!

Su semblante atormentado, parecía una copia del de Judith . . . o viceversa. Deduje que ya era hora de sumirla en un trance profundo, pero no consideraba aconsejable que Judith estuviera presente; el vínculo supranormal que existía entre ellas podría influir en su comportamiento. Le rogué que saliera y ante su semblante de desacuerdo, le expliqué que en su momento ella sabría las razones de mi ruego. Judith obedeció, aunque de su rostro no se borró del todo la expresión de inconformidad.

—¿Mi hermana no va a estar presente? –demandó Laura.

Su temor era justificado. Hasta ahora siempre habían enfrentado juntas a la sombra que atormentaba sus vidas.

—No en esta sesión, Laura, cálmese. Todo va a salir bien.

Ya para esa hora, el malhumor que inauguró el día había sido suplantado por una especie de premonición sobre algo intangible que parecía estar rondando dentro de mi oficina. Suspiré, bajé el nivel de iluminación y me dirigí a ella:

—Siéntese, por favor.

Le señalé el sillón reclinable, le hice ocupar una posición cómoda que indujera a la distensión y la cubrí hasta la altura del pecho con una manta. Luego coloqué sobre su frente el conjunto del índice y el dedo medio, mientras le hablaba suave y quedamente.

—Respira profundo . . . Así, otra vez . . . Otra vez . . .

Su relajación crecía. Finalmente, Laura descendió a la frecuencia cerebral donde tenemos acceso consciente a nuestras memorias conceptuales, emocionales y, al mismo tiempo, nos aísla del mundo externo.

—¿Dónde estás? –le pregunté.
—En un callejón . . . cerca de mi casa, a la salida del pueblo.

Comenzó a tiritar y sus labios trémulos se hallaban blancos.

—¿Vives en una casa a la salida del pueblo?
—Sí.
—¿Te hallas sola en ese callejón?
—Sí.
—¿Cuántos años tienes?
—Ocho.

Los temblores crecían y en su cara se estampó una expresión de espanto.

—¿Qué hora es?
—No sé. Es de noche . . ., todo está oscuro, tengo miedo . . ., la oscuridad me da miedo.
—¿Por qué no vas para tu casa?
—No puedo. Mi papá me botó, me quitó la ropa y me botó.
—¿Por qué te botó de la casa?
—Le da golpes a mi mamá, dice que no soy su hija.

Sus temblores cobraron bríos. La animé para que desahogara las emociones negativas ocultas en esa memoria y le pedí que se trasladara a su edad de adulta. Paulatinamente su rostro se fue transfigurando hasta alcanzar una expresión placentera.

—¿Te sientes bien ahí, verdad?

—¡Oh, sí, muy bien! Ramón está en la casa. Habla con mi madre, se quiere casar conmigo. Ah, no . . .

—¿Ahora qué ocurre, qué te disgusta?

—Es mamá, ella no quiere . . . Ramón fue marido de Salomé, su prima . . . A mí no me importa, yo lo quiero –su semblante se suavizó y comenzó a sonreír–. Sí, mamá, sí . . .

—¿Se arreglaron las cosas?

—Sí, pero mamá le tiene miedo a Salomé. Me advierte que es vengativa.

Comenzó a tararear una canción. Sus músculos faciales se habían suavizado y mostraba un aspecto de inefable gozo.

—¿Estás contenta?

—Si, estoy en el portal de la casa esperando a Ramón. Me prometió que a las nueve estaría aquí, pero se demora.

—¿Nueve de la noche?

—Sí, pero se demora . . . ¡Oh, Dios mío! ¿Qué es eso?

—¿Viste algo?

—Sí, la sombra . . . ¡No, no! –comenzó a jadear y a actuar como alguien a quien le falta el aire–. ¡No, no, me ahoga me ahoga! ¡Quiero salir de aquí, quiero irme!

Intempestivamente se incorporó. Sus manos en el cuello parecían esforzarse por deshacerse de una fuerza invisible para mí, pero tan tangible para ella como los brazos del sillón al que se aferraba un momento antes. Sus ojos fuera de órbitas anunciaban que, al margen de su naturaleza, aquella fuerza estaba logrando su propósito. Iba a intervenir y, en ese preciso instante, percibí el fétido olor que había notado el día de la primera visita de ellas a mi consultorio. Intentaba de nuevo sacarla del trance con gestos enérgicos cuando hubo un desplome casi total de la iluminación y mi cuerpo se vio impelido hacia atrás con violencia.

—¡Ayúdeme, me asfixia! ¡Ayúdeme a salir, me ataca de nuevo!

Traté de aproximarme al sillón y otra vez experimenté sobre mi cuerpo la acción infernal de aquella cosa incorpórea. Haciendo un acopio de energía, todavía hoy inexplicable para mí, avancé y sacudí a Laura para tratar de regresarla a la conciencia. Sus gritos casi me rompían los tímpanos:

—¡Ayúdeme, ayúdeme!

Sus bellas facciones habían alcanzado ribetes de pavor; era necesario sacarla del trance. Tomé sus manos y tiré de ellas con violencia. Aún con las facciones desencajadas, volvió en sí como quien regresa de un sueño aterrador. La luz recobró su brillo inicial y el olor nauseabundo pareció atenuarse. Para mi asombro, Laura mostraba en el cuello el estigma del intento de estrangulamiento.

CAPÍTULO IV

LAURA, EN TRANCE, TRANSFIERE A JUDITH LOS EFECTOS DE LA HIPNOSIS

L a sospecha que tenía acerca de que entre las hermanas Santander existía un vínculo supranormal, se incrementaron cuando concluí la sesión.

Preocupado la invité a salir para respirar aire fresco. En el salón de espera, María se hallaba al lado de Judith. Me hizo una seña imperceptible y comprendí que, de alguna forma, Judith había mostrado evidencia de lo que ocurría adentro con su hermana. Sonreí, di muestra de ignorancia y me dirigí al pasillo para atenuar el tumulto de mis ideas. Algunos segundos después, tenía a María a mi lado.

—¿Qué ocurrió allá dentro, Juan. Los gritos de Laura eran horrendos.

—Debo confesarte que el problema de esta muchacha se sale de lo común. Estoy realmente preocupado. La fuerza oscura que la acosa a ella, no será fácil de dominar. Más aun, presiento que también viene contra mí.

Observé un fruncimiento en la frente de María.

—La fuerza que obra sobre "ellas", querrás decir –me corrigió–. Decididamente hay entre estas dos hermanas alguna afinidad extrasensorial –comentó en voz baja–. Estaba muy tranquila conversando conmigo y, de pronto, su rostro se alteró y comenzó a gritar: ¡me asfixio, me asfixio! Sus manos rígidas se aferraban a su cuello. En ese momento oí los desesperados gritos de Laura dentro de tu oficina. Pensé acudir, pero me fue imposible. Tuve que concentrarme en Judith que, convulsionada, me miraba con ojos de súplica. Le hablé con voz fuerte para que recobrara su control. ¿Qué ocurrió con Laura?

—Después, con disimulo, obsérvala. Ahora tiene las huellas de los dedos del intruso incorpóreo que pretendió estrangularla. Es algo serio, María. Sobre mí también ejerció su acción esa energía funesta que las ronda a ellas. Nos hallamos, por tanto, frente al caso de una persona con grandes capacidades psíquicas y muy susceptible a interpretar con su cuerpo los símbolos que recibe en su mente y la presencia de un ser oscuro que no parecer venir bien dispuesto con nosotros.

—Sí, Juan, conozco algo sobre el comportamiento de esas muchachas. Por aquí ya han pasado algunos pacientes así: débiles, muy inclinados a las influencias sugestivas, casi siempre con capacidades de médium. Ahora, eso del ser oscuro con intenciones nocivas hacia ti . . .

—Sobre esto último tengo casi la certidumbre de que en el futuro cobrará fuerza, así que debemos estar precavidos. En cuanto a las hermanas, estoy convencido de que ni remotamente han salido a flote todos los elementos que nos complicarán el caso. Debemos hablar claro con ellas. Vamos.

En el saloncito de espera, las dos hermanas sostenían una conversación que el ruido de nuestra entrada cortó abruptamente. Los rostros de ambas mostraban ansiedad y miedo.

—¡Ayúdenos, profesor! –imploró Laura–. ¿Qué nos ocurre a nosotras?

Era en realidad conmovedor el estado de ellas. En los ojos grandes, negros y sombreados por oscuras ojeras de aquellas mujeres, la desolación hacía presa; pero como profesional yo estaba obligado a decirles la verdad por dura y amarga que fuera.

—Debo ser claro, muchachas. El caso de ustedes rebasa el simple desencadenamiento de una serie de comportamientos emocionales como consecuencia de traumas provocados por un evento trágico, como pensé al principio. Si esto hubiera sido así, las terapias de desahogo, la reconceptualización y nuevas programaciones serían armas suficientes para que, con tiempo y dedicación, ustedes superaran sus problemas. Pero, desgraciadamente, hay más.

El llanto de Laura, a vista reprimido, se desató y enseguida el de su hermana brotó como un eco.

—¡Dios Santo! ¿Qué esperanza hay para nosotras?

Con delicadeza, María las introdujo en mi cubículo y las acomodó. Después estableció con ellas una charla insulsa que develaba su intención sedante. Recliné mi sillón giratorio y me quedé pensativo mirando aquellos rostros atribulados. Cuando se calmaron un poco, dije:

—Mi propósito no ha sido asustarlas, ni mucho menos dar a entender que las dejaremos abandonadas a su suerte. Pero necesitamos franqueza de ustedes. Sólo penetrando en las raíces del problema podremos resolverlo. Estoy seguro, Laura, de que tú tienes capacidades mediúmnica. Puedes comunicarte con los espíritus, sobre todo con los que moran en los planos más bajos y eso es peligroso si no se maneja bien por personas con las mismas capacidades, pero desarrolladas. Lo que pone en claro mis observaciones hasta este momento, es que en tus pesadillas estás teniendo contacto con el espíritu de Ramón. Él se halla atrapado en el lugar del crimen y aún cree que vive en ese plano. Busca el contacto contigo y con algunos otros en la tierra porque quiere comunicar algo que con tu grado de percepción sobre estos extraños fenómenos eres incapaz de captar. Por otra parte, el ser intruso que apareció en la sesión evidentemente cree tener cuestiones pendientes, de alguna vida pasada, por resolver en la tierra. Para desgracia nuestra, sus intenciones no son ni sanas ni agradables.

—¡Dios santo! ¿Eso es posible?

La exclamación surgió de Judith quien me contemplaba perpleja. Su hermana sollozaba quedamente.

—Comprendo tu asombro, Judith, porque me haces recordar la etapa neófita de mi juventud. Pero créeme que son demasiadas las experiencias que he acumulado como para que me quede un ápice de duda acerca de lo que afirmo. Aquí, en mi escuela, hay más de una persona con capacidades supranormales desarrolladas y preparadas por mí para proyectarse en ese mundo más allá del nuestro. Con la presencia y cooperación de algunas de ellas, podemos realizar una sesión que le permita a Laura ponerse en contacto con el espíritu de Ramón y quizá hasta logremos conocer lo que desea.

—¿Entonces la sombra no tiene que ver con Ramón?

—¡Hum . . .! Tiene que ver, más no es el espíritu de él. Ramón hace un reclamo que tiene lógica, si pueden entenderme. La sombra, en cambio, trae designios destructivos.

—¡Ay, mi Virgencita de la Guadalupe, ayúdame! –invocó Laura.

—Confiamos en usted, profesor –dijo Judith con súbita decisión–. Haremos lo que diga. ¡Este infierno tiene que terminar!

—¿Tú, Laura, piensas igual que Judith? –demandé.

Se cubrió la cara y un suspiro se escapó entre los sollozos:

—Sí, mi hermana tiene razón. Este infierno debe terminar. Y si ése es el camino, ándele. Dios se apiadará de nosotras.

—Debo aclararles que este caso yo voy a tratarlo de forma en que la participación de algunos de mis alumnos será imprescindible, pero sin una cooperación absoluta de ustedes dos, no dará resultado.

—Sí, sí –admitió Judith–, lo sabemos.

—Me satisface que estén dispuestas. Ahora, Judith, me gustaría saber desde cuándo esa sombra hace contacto contigo.

Su semblante mostró reprimida inquietud. Miró a su hermana, después a María, finalmente sus ojos volvieron a mí.

—Hoy estoy bastante cansada y muy confundida, profesor. Meditaré bien todo, para después contarle.

No supe la razón, pero por mi mente pasó la idea de que Judith no deseaba hablar delante de su hermana; por lo menos sobre cuestiones vinculadas a la sombra. Acepté su excusa con un movimiento de cabeza.

—Usted comprende la importancia de la pregunta, ¿verdad, Judith?

Ella asintió y develó un pensamiento que al parecer le preocupaba:

—Cuando le rogué que nos atendiera, en la casa de José Antonio, nunca pensé que serían necesarias tantas sesiones. Realmente no sabemos cómo vamos a pagarle su trabajo.

—No se preocupen. El dinero es necesario, pero no rige mi conducta. José Antonio me ha contado la situación económica por la que ustedes atraviesan en este momento; no les costará nada.

—¡Oh, gracias, profesor, Dios se lo pagará!

Hubo repetidas muestras verbales de agradecimiento por parte de las hermanas y, antes de que se retiraran, le recordé a Judith su compromiso de entregar, previa a la siguiente sesión, la información que poseía acerca de la sombra. Volvió a mirar a la hermana y la inquietud volvió a instalarse en su rostro.

Durante largo rato, María y yo estuvimos intercambiando opiniones sobre el caso de las hermanas Santander y la manera en que éste iba poco a poco absorbiendo nuestra atención. Después nos concentramos en la selección de las personas con las condiciones mínimas necesarias para tomar parte en una sesión que, conforme a la experiencia de la mañana, presentaba augurios de ser memorable.

El primer alumno que nos vino a la mente fue, naturalmente, José Antonio Vales. Poseía excelentes cualidades de videncia desarrollada a causa de una muerte clínica que sufrió durante un paro cardiaco en el quirófano. Sus capacidades para viajar por el mundo espiritual acompañado de la luz que lo devolvió al mundo en aquella experiencia donde él casi pierde la vida, ya habían sido comprobadas en sesiones anteriores efectuadas en mis clases. Otro con casi las mismas características era Perdomo, Daniel Perdomo. Los llamamos y, al terminar nuestras explicaciones, estuvieron ambos encantados de participar en ese evento que parecía anticipar todos los visos de lo extraordinario. Les informé que la realizaríamos el siguiente sábado. Profundizando en el análisis del resto del personal necesario, María y yo convinimos en que los ideales serían nuestro hijo Adonis y mi primo Humberto, quienes poseían buenas cualidades para comunicarse con seres del mundo espiritual.

Adonis era un muchachón de complexión robusta que por la época en que cayó en mi gabinete el caso de las hermanas Santander tenía dieciocho años. Desde los nueve se habían abierto ante él, de forma natural, varias capacidades paranormales.

Había nacido en condiciones críticas en el hospital Hijas de Galicia, en Cuba, en el año 1976. Varios días después de la fecha en que debía producirse el alumbramiento, María ni sentía dolor ni las contracciones propias del preparto. A la semana hubo que proceder con la cesárea. El feto se había defecado dentro de su bolsa y aparecieron síntomas de inminente infección que no sólo habían puesto en riesgo su vida sino también la de María. Estaba claro que el ser que traía a Adonis no deseaba, o algo le impedía ingresar a nuestro plano. Pero Adonis nació. ¿Qué había pasado?

La explicación de este extraño comportamiento la tuvimos María y yo doce años después. Claro está, que por la época del nacimiento de Adonis yo todavía no me había adentrado en el conocimiento de los problemas paranormales; antes bien, profesaba una doctrina religiosa que negaba todo derecho al conocimiento de conceptos ajenos a los preconizados por esa secta. Pero, interesados en conocer qué le había ocurrido a nuestro hijo el día de su nacimiento y consciente de que él poseía esa sensibilidad singular señalada arriba, decidimos realizarle una regresión a la edad fetal para que él mismo nos lo dijera.

La técnica que se sigue en estos casos es la de inducir a la mente consciente a transitar por un túnel simbólico que le cierre toda visión dentro del subconsciente a otros acontecimientos y vaya descendiendo paulatinamente de su edad actual hasta la etapa fetal. El resultado fue asombroso.

Adonis alcanzó con relativa rapidez la posición del feto y en su rostro se reflejó el candor que presumiblemente poseen los niños cuando se hallan en la edad prenatal.

—¿Qué ocurre, mi hijo, por qué te resistes a venir a nuestro mundo?

—No soy yo, papá, es el otro.

—¿El otro? ¿Quién?

—El que le toca se niega a venir. Dice que no está preparado. Me mandan a mí por él.

—¿Te mandan? ¿Quién te manda?

—Ellos.

—¿Ellos, quiénes?

—Ellos. Los que tienen mucha luz. A mi lado está el guía, su luz es muy grande y me envuelve. Dice que debo ir, que estoy preparado.

Estas facultades de mi hijo las hemos utilizado infinidad de veces en nuestra escuela para ilustrarles a mis alumnos, con el ejemplo vivo, esas potencialidades presentes en muchos seres humanos y desconocida por ellos. Cierto que algunos vienen mejor dotados por la naturaleza que otros, pero se trata de una capacidad posible de incrementar en cada uno de nosotros.

Muy parecido al de Adonis es el caso de mi primo Humberto. Entre ellos había una diferencia de casi quince años, aunque con la misma hipersensibilidad psíquica. Desde edad muy temprana, Humberto dio muestra de notoria empatía y su capacidad pirovásica me ha servido en muchas ocasiones para mostrar el dominio a que se puede llegar sobre la mente consciente.

Un caso representativo que puso a prueba la capacidad de estos dos muchachos para viajar por el mundo astral fue el de Carlos Buendía.

La hermana de Carlos, Siria, era una alumna mía muy tratable y comunicativa con el resto de sus compañeros, pero quién, pese a su voluntad, obtenía pocos progresos en los estudios. Una mañana, Siria me llamó muy atribulada para comunicarme que no podía asistir a la clase porque su hermano había caído accidentalmente de un tercer piso y presentaba varias lesiones graves en el cuerpo y un golpe en la cabeza que lo mantenía en coma desde hacía varios días. Llevaba más de dos meses en ese estado cuando Siria, incorporada a las clases de nuevo, me rogó que le hiciera una sesión para tratar de conocer porqué su hermano no salía del coma pese a que, desde el punto de vista estrictamente clínico, los médicos decían que ya él debía haber muerto. Yo sabía que Siria no estaba preparada todavía para una proyección astral que le permitiera alcanzar esos niveles donde algunos seres se quedan aprisionados por diversas razones. Pero, por razones obvias, no podía negarme a prestarle ayuda a una alumna de la calidad de ella. Le propuse, entonces, que trajera a su familia y utilizar a mi hijo Adonis y mi primo Humberto para intentar lograr su deseo. Aceptó y lo preparamos todo para el siguiente sábado, con la presencia de otros compañeros de clase que ella escogió.

La inducción que le hice a Adonis lo sacó de su cuerpo en forma de remolino, según él mismo nos lo hizo saber, pero Humberto nos advirtió que había llegado a un punto donde las emociones le impedían avanzar. Adonis captó el aviso y dijo:

—Papi, puedo ayudar a Humberto. Estoy en un plano más alto y con mucha luz.

Se lo hice saber a Humberto.

—No es necesario –contestó–, estoy atravesando un espacio azul muy denso, pero no son mis emociones. La madre de Siria, con su ansiedad, me interrumpe el paso. Ruéguele, por favor, que se relaje.

Realmente yo debí anticipar que tal cosa podría suceder. Nunca debe subestimarse la fuerza obstruccionista de una persona excitada en el seno de una sesión de fuerzas psíquicas. Orienté a la madre de Siria para que aliviara su carga emocional.

—Ya salí –anunció Humberto.

—¿Dónde estás? –le pregunté.

—Estoy junto a Adonis. Dos luces grandes nos acompañan. Vamos hacia el astral de Carlos siguiendo el curso del cordón luminoso que lo une a su cuerpo físico.

—Ya llegamos hasta él. Por lo que nos dice tiene la misión de sacar a su bisabuelo atrapados bajo un tren descarrilado –explicó Adonis.

—Sí, es un pueblo pequeño en Cuba –anunció Humberto–. Hay mucha gente llorando.

—¿En qué año ocurrió ese accidente? ¿Pueden ver el año?

—No sabemos . . ., –contestó Humberto– los hombres usan un sombrero blanco de copa plana y ala ancha y casi todos visten guayaberas blancas. Están muy indignados. Son dos facciones políticas que se incriminan mutuamente por el accidente de tren. Hay mucha confusión y lamentos.

Por lo que me decían y yo conocía de nuestra historia, los dos partidos políticos más importantes de la época eran el Liberal y el Conservador que siempre andaban a la greña por el botín de las arcas públicas. El sombrero de pajilla y la guayabera eran prendas muy usadas entonces.

—Y Carlos, ¿qué dice?

—Nos explica que en su vida anterior él pereció con sus abuelos de aquella vida en este accidente, pero ascendió enseguida hacia la luz y ellos no pudieron. Cuando él cayó de la segunda planta del edificio una luz lo recibió y le recordó su misión de ir a liberar a su abuelo.

Entonces, utilizando a Adonis como intermediario entre ese mundo y el nuestro, propiciamos una charla entre Carlos, su hermana y su madre. Fue una experiencia muy interesante. Finalmente, Carlos les comunicó que, una vez realizada su misión, él regresaría al plano terrenal a cumplir su misión restante. Y así lo hizo.

Una semana después, contra todo vaticinio clínico, Carlos salió del coma, aunque no recordaba nada sobre la comunicación con sus familiares.

Siempre cito este caso como un ejemplo vivo de las potencialidades enormes que se encierran dentro de las mentes de los seres humanos.

Un hecho notable es que después del evento que acabamos de narrar, las capacidades psíquicas de Siria se abrieron de un modo significativo y pasó a ocupar un lugar destacado entre mis alumnos.

Pero volvamos al caso de las hermanas Santander. Uno de los más extraños, complejos y extraordinario eventos supranormales que tengo registrado en mis archivos en los años que vengo practicando la profesión de hipnoterapeuta.

El miércoles, María llamó a Laura a la casa donde trabajaba y le comunicó que todo estaba preparado para el sábado por la tarde. Además, le rogó que le recordara a Judith la necesidad que teníamos de hablar con ella antes de iniciarse la sesión. Yo intuía que los problemas que presentaba Judith eran más complicados que los de su hermana. Y si de admitir una verdad se trata, el comportamiento de la sombra con estas muchachas me mantuvo en ascuas durante el resto de la semana.

Pero llegó la hora de la reunión del sábado y Judith no se había presentado en mi oficina con la anticipación acordada. ¿Qué la hacía temer enfrentarse a sola con su realidad? De momento no tenía respuesta para aquella pregunta. Empero, al hacerle el reclamo, a su llegada, recibí de ella excusas banales expresadas con huidizas miradas.

Como ya estaban presentes todos los citados para participar en el evento, no quise prolongar más el inicio del mismo. A Laura la senté en el sillón reclinable y ocupé, a su lado, mi butaca. A María la coloqué, con la libreta de notas y la grabadora, al lado de Judith. El resto: Adonis, Humberto, José Antonio y Perdomo formaron una especie de semicírculo en torno a nosotros.

Comencé el proceso de inducción al que todos se dejaron llevar suave y quedamente. Ya Laura había alcanzado un estado de relajación propicia para la regresión cuando sentí a mi espalda la agitada respiración de Judith y, acto seguido, un grito de espanto. Me volví. Su cuerpo se retorcía en sucesivas contorsiones seguidas de rigidez cataléptica. Al parecer un espíritu extraño tomaba posesión de su cuerpo.

Laura, asustada, clavó en su hermana una mirada de espanto.

—Tú, tranquila. ¿Cómo te sientes?
—Bien, algo asustada.
—María se va a quedar contigo aquí. Ayudaré a Judith que está un
    poco agitada.

Le hice seña a María para intercambiar nuestras posiciones.

—Saca a Laura del trance, debemos evitar transferencias histéricas entre ellas

María asintió y yo me concentré en Judith. Hablaba en un idioma foráneo. En todo caso, no era ni inglés ni español. Aunque no se trataba sólo de lo raro de la lengua sino que se expresaba de forma torpe y muy enredada.

Pensando que su comportamiento pudiera estar relacionado con la sombra de quien yo estaba al acecho, le pregunté a José Antonio:

—¿Ves algo?

—No, profe; nada.

Le hice señas a Perdomo y respondió:

—Tampoco veo nada, profesor.

Pero Judith continuaba sus balbuceos. Agucé mis oídos para tratar de entender lo que decía y me pareció oír la palabra "butcher" y pensé en su significado traducido desde el inglés al español: *carnicero*. ¿Qué quería comunicarnos? Digo comunicarnos porque yo trataba de interpretar, pero en realidad ella no me hablaba a mí, sino para sí misma. Sus susurros eran un soliloquio muy quedo y apacible; su rostro mostraba una tranquila resignación. Entre sus palabras capté, y esa sí claramente, la expresión latina "Deos Gratias"

Intuí que Judith rezaba. En ese momento, Laura lanzó un grito:

—¡Salven a mi hermana, salven a mi hermana!

La transferencia psíquica indeseable se había presentado. Me volví hacia ella y le pregunté a María con la mirada. Me hizo una seña de impotencia y dijo:

—Se fue, Juan.

Realicé un silencioso y rápido análisis de la situación y concluí en la conveniencia de no sacar a ninguna de ellas del trance conociendo, incluso, el potencial peligro que se cernía sobre nosotros si la sombra de negros designios irrumpía en mi gabinete.

Dejé a Judith y me dirigí a Laura que mostraba en su rostro las contracciones provocadas por terror:

—Tranquila, Laura. Dime, cuéntame, ¿qué ves?

Pero sólo atinaba a repetir las mismas palabras: ¡Salven a mi hermana, salven a mi hermana!

Recurrí a Adonis.

—Adonis, ves algo.

—Sí, papi, la van a quemar.

—¿Quemar a quién?

—A Judith la llevan a la hoguera —explicó Perdomo con voz cascada.

—Hay mucha gente gritándole. Visten ropas raras —aclaró Adonis.

La palabra "bucher" en francés quiere decir hoguera (lo supe más tarde) y por extensión suplicio. Judith había hecho una regresión a algún momento de una vida pasada en que iba a ser sometida al suplicio de la hoguera y para enrarecer aún más el vínculo entre ellas, Laura estaba cerca y penetró en esa memoria del subconsciente de su hermana. Un nuevo grito me sacó bruscamente de mi breve digresión mental:

—¡Auxilio, auxilio, Dios mío!

Capítulo V

En el pasado la envió a la hoguera, fue su prometido, y en el presente la violó

En medio de la tensión creada en el gabinete con los gritos de Laura, mi mente retrocedió hasta la era medieval cuando por razones de intolerancia religiosa se castigaba con la hoguera a las personas que violaban las rígidas leyes de la Iglesia Católica sobre el pensar o actuar sin ajustarse a sus dogmas. En el registro de mi mente se mantenía vivo aún restos de lo que yo había estudiado acerca de la historia de la época y la palabra *inquisición* afloró con fuerza asociado al suplicio. Pero, y eso también lo saqué de los recuerdos de mis estudios del medioevo, muchos inocentes fueron víctimas de bajas venganzas por razones turbias. ¿Sería Judith una de esas víctimas?

Aunque lo importante para mí, que hurgaba dentro su subconsciente para atacar sus dolencias actuales, era que las hermanas Santander venían enlazados desde otras vidas, una de las cuales se remontaba al medioevo. Esa regresión de Judith al clímax de una de sus vidas pasadas, durante el suplicio en una hoguera; debía estar, conforme a la ley del karma, ejerciendo una influencia significativa en su tránsito actual por la tierra. Surgió una nueva pregunta: ¿tenía la sombra algo que ver en ello?

Como suele suceder cuando nos hallamos bajo los efectos de fuertes presiones emocionales los pensamientos vuelan a grandes velocidades. Un nuevo grito de Laura me sacó abruptamente de mis cavilaciones. Ciertamente eran interrupciones que podían dar al traste con la regresión de Judith y como podía valerme del grupo de apoyo para mantener el contacto realicé una revaloración y decidí sacar de inmediato a Laura del trance. Con un gesto se lo instruí a María y ella, siempre atenta, la tomó por el brazo y ambas salieron.

Judith continuaba con su tranquilo musitar y en el rostro transfigurado la sumisión era evidente. Yo hubiera querido llevarla al sillón reclinable que favorecía la posición para una prolongada regresión, pero se hallaba tan adentro que la dejé en el mismo sitio. Existía otra razón para proceder así. Adonis y Humberto habían logrado proyectar sus conciencias en los archivos del subconsciente de Judith hasta el punto de responder casi al unísono las preguntas que yo le hacía a ella y esto favorecía mis propósitos. Para comprobar si mantenía su dualidad de conciencia le pregunté:

—¿Qué ocurre, Judith, por qué rezas?

Primero realizó una fuerte contracción, después su semblante se distendió otra vez y los dedos de sus manos se movieron como quien cuenta un rosario. Murmuró varias palabras en francés entre las cuales sólo pude entresacar "bucher" de nuevo.

—¡Adonis, mi hijo, tú y Humberto, si pueden, ayúdenme!
—La llevan en una carreta para el suplicio –explicó Humberto–.
Está vestida con una tela gruesa muy raída y rústica.
—Es un tejido raro, parecido al cuero, papi –aclaró Adonis.

—Hay mucha gente mal vestida que grita algo –agregó Humberto–, no entiendo bien; le tiran piedras.

—¿Pero qué le gritan? ¿Qué le gritan?

—*¡Sorciere, sorciere!* –dijo Adonis.

Más tarde, cuando acabó la sesión, busqué en un diccionario francés–español y lo que más se acercaba de forma coherente a esa pronunciación, era la palabra bruja. Pero, al margen de la asistencia valiosa de Adonis y Humberto, yo necesitaba respuestas de Judith; así que la ayudé para que alcanzara su doble estado de conciencia.

Entre Perdomo, José Antonio y yo la colocamos en el sillón reclinable y, cuando logré que se relajara, le pregunté:

—¿Qué te ocurrió?

—Algo extraño. No sé si pueda explicarlo con palabras. Escuchaba las preguntas que usted le hacía a mi hermana cuando todo se me nubló y sentí la rara sensación de que era succionada por un hueco oscuro que me introdujo en un túnel interminable. Quería hablar y experimenté la desagradable impresión de que las palabras no salían.

—¿Qué sucedió al salir del túnel?

—Sólo de pensarlo el estómago se me revuelve, profesor. Me llevaban amarrada en una carreta, todo el cuerpo me dolía por los azotes que me habían dado y una turba enfurecido me lanzaba piedras y gritaban: "¡Maten a la bruja!" Pero yo iba muy tranquila. Sólo quería que todo terminara.

—¿Y después?

—Me subieron a un banco y me amarraron a un tronco de madera. Un hombre con el rostro cubierto con tela negra que sólo dejaba ver sus horribles ojos, comenzó a colocar leña alrededor de mí. ¡Dios mío, ya la enciende! Hay mucho humo, siento el calor. ¡Oh esas horribles palabras, "¡sorciere", "sorciere", "sorciere!"

Los gritos de Judith eran espantosos; y, confirmando el curso que siguen estos eventos cuando son trágicos, el inconsciente había tomado el gobierno de su mente consciente y, desdoblando su personalidad, revivía lo acontecido el día aciago del suplicio en la hoguera.

—¡Sáqueme de aquí, sáqueme de aquí, me ahogo, me quemo!

—Ya eso pasó –dije–, sólo quiero que lo veas de lejos . . ., sin
emociones. Serénate.

—¡Ahí está él, ahí está él, mírelo!

—¿Quién es él?

—El que me odia, juró que se vengaría de mí.

—Pero, ¿quién es?

—¡Él, él, el papá de Ramón!

—¿El papá del difunto marido de Laura?

—¡Sí, él, él, Gaspar Pruna!

Por mi gabinete habían pasado anteriormente varios pacientes
cuyas familias venían unidas desde vidas pasadas. De todas formas,
me sorprendió un poco que el suegro de Laura en esta vida estuviera
vinculado con la familia Santander desde la época de la Inquisición.

—¿Por qué estás tan segura de que es él?

—Lo intuyo, lo siento. Además sus ojos son los mismos ojos
crueles y salvajes del viejo Pruna. Él es quien me acusó. Dice
que soy bruja. Yo soy inocente . . . Él nos odia, a Emile y a mí.

—¿Emile? ¿Quién es Emile?

—Mi hermana.

Deduje, a partir de los gritos que había emitido Laura anteriormente, que se trataba de ella. Los lamentos de Judith crecían, debía
estar pasando en aquel momento por las dolorosas torturas de la
cremación con su conciencia abierta a lo que le estaba ocurriendo.

—¡Pobrecita! –se lamentó Humberto–. ¿Por qué le hacen eso?
Siento como se queman sus carnes . . ., tengo náuseas, ¡ese
olor a carne quemada!

Había penetrado tanto en el subconsciente de la muchacha que
comenzaba a interpretar con su cuerpo físico el estado emocional, la
angustia y los dolores que ella sentía. Sus ayes estaban sumándose a
los de Judith. No me preocupó porque estas clases de transferencias
son bastante comunes en experiencias de este tipo; pero, para una
ayuda más efectiva, yo necesitaba que todos los que me servían de
apoyo mantuvieran su objetividad emocional. Le pedí, pues, a José
Antonio que ayudara a volver a Humberto a su estado anterior.

De reojo vi como José Antonio le tomaba las manos a Humberto y le pedía que respirara fuerte. Él respondió positivamente y, enseguida, retomó su control sensorial.

Entretanto, yo trataba de lograr lo mismo con Judith. Pero su inconsciente, muy metido en ese evento que debió dejar huellas profundas en su subconsciente, se resistía a salir. Acudí a Adonis en busca de ayuda.

—Adonis, hijo, proyéctate y pídele a Judith que abra su capacidad sensorial auditiva.

—Papi, yo estoy conectado con ella tratando de que vuelva a la conciencia, pero no la saques del trance, por favor. Aquí va a encontrar respuestas a muchas de las incógnitas que manejan su vida actual.

Me satisfizo esa explicación de mi hijo que denotaba sus progresos en nuestra escuela, pero era necesario ser enérgico para hacerla volver al estado dual donde, sin salir del trance hipnótico, yo podía mantener contacto con ella. Tomé el frasco de alcohol, humedecí una servilleta y la coloqué delante de su nariz.

—¡Respira profundo! –ordené–. ¡Uno dos tres! ¿Escuchas mi voz, Judith?

Comenzó a toser y a distenderse. Sus ojos desencajaron por una breve fracción de tiempo y, acto seguido, volvieron a cerrarse fuertemente. Luego habló con voz suave y reposada.

—Sí, profesor, yo lo oigo.

Un procedimiento muy común entre las personas que practicamos la hipnoterapia es solicitar al paciente que escoja un lugar que le agrade, preferiblemente al aire libre, para "transportarse" a él y allí alcanzar la serenidad que le permita recobrar la capacidad de ver como espectador sus memorias y, a la vez, conversar con el terapeuta.

—En este momento, ¿dónde te gustaría estar, Judith?

—Cerca de un riachuelo, al atardecer, profesor. ¡Sería agradable!

—Sí –afirmé–. Son bellos los atardeceres cerca de los ríos. ¡Cierra tus ojos! ¡Respira fuerte! Ahora visualiza ese riachuelo donde deseas estar –coloqué mis dedos de la mano derecha sobre su frente–: ¡uno, dos, tres! ¿Estás en el riachuelo, verdad?

—Sí, profesor.

—¿Qué haces, te veo triste?

—Estoy sentada sobre una piedra observando cómo corre el agua. ¡Su murmullo es tan placentero al oído!

Percibí lágrimas en sus mejillas. Era una especie de llanto tranquilo y silencioso; beneficioso para ella porque la ayudaba a descargar su cuerpo emocional.

—¿Por qué lloras?

—No sé, estoy contenta.

—¿Lloras de alegría?

—Me siento mejor ahora.

—Lo sé, el llanto descarga emociones. ¿Por qué no me cuentas algo sobre ese hombre que te acusó de bruja?

—Es un hombre malo, el señor conde Lavigne. Nos da latigazos antes de hacer el amor.

—¿Nos? ¿A quiénes te refieres?

—A mi hermana, a mí, a todas las mujeres en su dominio . . .

—¿Por qué hace eso?

—No lo sé, le gusta. Se ríe, siente placer.

—¿No pueden huir?

—¡Huir! Él es nuestro amo, tenemos que obedecer.

—¿Por qué te acusan de bruja?

Se encogió en el sillón y su rostro mostró ansiedad. Después, una especie de escalofrío recorrió su cuerpo.

—No soy bruja –dijo.

—Pero él te inculpó. ¿Qué ocurrió?

—Hubo una delación. Le dijeron que yo hacía conjuros para que muriera en la guerra. Me acusó de herética. Dijo que soy albigense. A esa gente los monjes la persiguen mucho, las torturan y las queman.

Comprendí al grado de desesperación, odio e impotencia a que debió llegar para realizar aquel acto del que ella sabía podría derivarse una sanción tan severa en esa época. En mis vagos recuerdos sobre la Historia de la Edad Media que aún rondaba mi mente, apareció un pueblo llamado Albi, en el extremo sur de Francia. Allí se formó una secta herética que, muy perseguida, repudiaba las costumbres de lujos de la iglesia y rechazaba los sacramentos. Sin embargo, ¿por qué identificaba a ese conde Lavigne, seguramente un noble dueño de vastos dominios, con el padre del marido de la hermana en su tránsito por esta vida? Cuando le repetí la pregunta volvió a hablarme de los ojos del señor Pruna. No obstante, al margen de la posibilidad cierta de que ese rasgo del señor Lavigne estuviera presente en Pruna, debía existir alguna constatación dentro de su mente. Ella lo confirmó cuando agregó: "sentí dentro de mí el mismo olor nauseabundo de cuando el padre de Ramón me violó". Su cuerpo se estremeció e hizo el gesto de quien desea limpiarse la piel.

—Háblame de eso, ¿quieres?

Una vez más las lágrimas comenzaron a brotar de sus ojos cerrados sin que manifestara los ruidos característicos del llanto.

—Yo tenía sólo trece años. Entonces vivíamos en San Luis de Potosí, en una casa próxima a la del difunto Pruna. Yo ayudaba Manuela, su mujer, en los quehaceres de su casa. Pero él siempre estaba mirándome con lujuria. Un día, al regresar del mercado con un encargo, la señora Manuela no se hallaba en la casa y él me agarró y me amenazó con un cuchillo para obligarme a que entrara al cuarto . . . allí me lo hizo.

Repitió los gestos de quien desea despojarse de algo sucio en su cuerpo y volvió a estremecerse.

—Dijiste el difunto Pruna, ¿el padre de Ramón, murió?
—Sí, gracias a Dios.
—¿Cuánto tiempo hace que murió?
—Meses antes de la boda de Laura. Lo recuerdo bien porque mi hermana sólo logró casarse con Ramón después de la muerte de ese viejo de malas entrañas. Todavía recuerdo su grito iracundo: "¡Sobre mi cadáver, entendiste, sobre mi cadáver te vas a casar con esa mugrienta!" Mis hermanos lo oyeron y hubo una pelea tremenda. Ramón, siendo un hombre, no sólo lo respetaba mucho, sino que pienso que le tenía miedo.
—¿Tú crees, Judith, que ese inquisidor reencarnó en el señor Pruna, padre de Ramón?

—Con lo que he visto y sentido hoy y lo que vi y sentí cuando la desgracia nos llevó a vivir cerca del viejo Pruna en Potosí, estoy segura de que fueron la misma persona.

Al oírla afirmar de forma categórica que su familia venía enlazada con la de Ramón desde varios siglos atrás, por mi mente cruzó una vaga inquietud. ¿Sería el viejo Pruna la sombra que persigue a las hermanas Santander? Se imponía, por tanto, capitalizar el estado dual de Judith para sacarle información que permitiera dirigir con orientación segura la terapia que debía aplicarle.

—Judith, es necesario que regreses a esa vida en los dominios del señor Lavigne donde fuiste tan desgraciada.
—¡Oh, no, profesor, no me pida eso, me aterra!

Comenzó a temblar y, por un instante, el iris de sus grandes ojos negros adquirió un brillo inusitado.

—Tranquila –la insté–. Cierra tus ojos y regresa. Sé que será duro, pero necesario. Tu vida actual está muy lastrada por esos acontecimientos.
—¡No, no!
—Te prometo que esta vez no será tan traumático, porque te guiaré por medio de un proceso simbólico relajante.

Se distendió un poco y suspiró.

—¿Qué debo hacer?
—Proyecta tu mente. Te hallas de pie frente al riachuelo. Camina hacia él y lo cruzas sin temor, no es hondo. Cuando salgas, delante de ti hay un largo pasillo y, al final, la puerta de salida.

Hubo un instante de vacilación, una súbita muestra de sorpresa y, finalmente, exclamó:

—¡La veo, profesor!
—Avanza y detente frente a ella.
—Ya llegué.
—Descríbemela. ¿Qué aspecto tiene?
—Es ancha y alta y de un color blanco intenso.
—¿Cómo te sientes frente a ella?
—Estoy muy tranquila, hay mucha paz aquí.

—Voy a contar hasta tres. Cuando oigas chasquear mis dedos abre la puerta y verás un salón redondo con otras puertas. Una de ella te llamará la atención. Esa es la que te conducirá a esa vida pasada donde fuiste quemada en la hoguera –coloqué mis dedos encima de su frente–: ¡Uno, dos, tres! ¿Cuál de ellas llama tu atención?

—La que se halla a mi izquierda, profesor. Es de madera color oscuro y muy antigua.

—Por el símbolo que me describes ésa debe ser la puerta. Aproxímate y ábrela.

—Estoy frente a ella, pero tengo miedo –dijo con labios temblorosos–. No tengo fuerzas.

—Tú puedes, anda. Respira fuerte varias veces y di que puedes abrirla.

—No puedo, esta cerrada por fuera. Me tienen encerrada. El cuarto está muy oscuro, no hay luz.

—¿Cómo que te tienen encerrada?

—Sí, mi hermana está conmigo. Es muy pequeña y llora mucho.

Sus ojos mostraron una instantánea mirada desenfocada y los volvió a cerrar con fuerza. Después adoptó el gesto de quien oprime a otra persona contra su pecho.

—Ya entraste de nuevo en la memoria de esa vida, Judith. Mírate de los pies hacia arriba y dime cómo te ves.

—Soy alta, pero muy delgada. Mi vestido es largo hasta los pies, sucio y gastado. Tengo el pelo largo, castaño. Creo que tengo dieciséis años.

—Y tu hermana, ¿qué edad tiene?

—Diez, yo creo que diez. Está llorando. Llora mucho cuando nos encierran. Aquí hay peste y muchos ratones.

—¿Por qué están encerradas?

—Mi mamá nos encierra para que él no nos vea.

—Él, ¿quién?

—El amo, el señor conde.

—¿El señor Lavigne se ha fijado en ti?

—Sí, cuando trabajamos en los viñedos.

—¿Hay viñedos en los dominios de Lavigne?

—Sí, y las mujeres recogemos las uvas cuando están en sazón para que le hagan el vino al señor.

—Judith, avanza un poco hasta el día en que el señor Lavigne te poseyó.

Comenzó a retorcerse y sus músculos faciales se tornaron rígidos, mientras musitaba apagados rezos que sin transición se convirtieron en sofocados ayes. Sus ojos cerrados derramaban lágrimas continuas. En la parte visible de sus brazos gesticulantes aparecieron estigmas de latigazos y, a continuación, manifestaciones de un reprimido gozo sexual. Después se reiniciaron los rezos. Al parecer, por un instante, había perdido su condición de conciencia dual y el inconsciente gobernó sus actos, pero pasado el momento traumático regresó a su estado inicial.

—¿Cuándo ocurrió esa violación sexual?

—No sé . . ., es invierno, siento mucho frío.

—¿Qué edad tienes?

—Creo que cumpliré diecisiete. Sáqueme de aquí, está haciendo mucho frío.

Tiritaba y su expresión era de ruego. Entones comenzó a balbucir palabras que no entendí, aunque me recordaron el acento francés. Imploraba. Se hallaba reviviendo otra memoria lacerante.

—Mantén el contacto ¿Me escuchas, Judith?

Suspiró y la dureza de su rostro cedió un tanto.

—¡Dios mío, cuánto sufrí en esa existencia! ¿Cuál ha sido mi pecado?

A pesar de mis experiencias con casos similares, sentí pena por ella. La tensión presente en todos los que participábamos en la sesión pareció ejercer mayor efecto en José Antonio y Perdomo. Me hicieron seña para salir. Hice un gesto de aprobación y me concentré en Judith para intentar aliviar sus emociones. Cuando regresaron, José Antonio me habló al oído. "Laura está reviviendo afuera las experiencias de su hermana". Asentí y me volví hacia Judith, al oír que me hablaba:

—Quiero volver para ver todo lo que me aconteció en esa vida de perro que llevé en esa encarnación, profesor. Lo necesito, pero no quiero sufrir. Eso no es posible, ¿verdad?

—Sí, soy consciente de lo que has pasado. Te ayudaré.

—Gracias, gracias.

Le puse los dedos en la frente.

—Concéntrate e imagina que frente a ti hay una pantalla muy grande, parecida a la de un cine y pide con silenciosa pasión que te muestren en ella lo mismo que te sucedió en esa vida. Todo ocurrirá como si fueras una simple observadora.

Me observó con reticente dubitación.

—¡Concéntrate! –ordené.

La tensión de su rostro cedió y su cabeza se movió hacia delante como quien fuerza la vista para ver algo difícil de precisar.

—¿Qué ocurre?

—La pantalla está envuelta en niebla.

—No importa. Respira y exhala fuerte. Respira de nuevo. Bien, así. ¿Ves más claro?

—Sí, mejor.

—Ahora, frente a esa pantalla, pide que aparezcan las imágenes del curso de tu vida desde que naciste hasta tu muerte en la hoguera.

Poco a poco, el semblante de Judith fue adquiriendo una expresión de encantamiento y sus ojos, cerrados, daban la impresión de mirar al cielo.

—Es maravilloso. Me traen de las manos dos seres luminosos, parecen ángeles. Ellos me dicen que tome posesión del cuerpo de la niña que mi mamá está alumbrando y me advierten que voy a sufrir mucho en la vida que está por llegar. Me sacan y empiezo a llorar.

—¡Qué bella experiencia, Judith! ¿La imaginabas así?

—No, nunca pensé en ello.

—Sigue un poco más adelante. ¿Qué ves?

—Vivimos en los dominios del conde Lavigne. Somos siervos. Mis padres tienen que trabajar todo el día en los viñedos. Comemos mal, vestimos mal.

—Adelántate un poco. ¿Qué otra cosa observas?

—Está naciendo mi hermanita. El señor Lavigne se va para la guerra. Todos nos hallamos frente al castillo para darle la despedida. Es una orden del Condestable. Besamos a mi padre que también se va. Cuando desaparecen, todos sentimos alivio, el amo es un hombre muy malo. Ahora puedo hablar con los espíritus con tranquilidad. Nadie puede saberlo. Por eso también mi mamá me esconde.

—¿Qué edad tenías cuando Lavigne se fue a la guerra?

—Siete años.

—Continúa.

—Estamos contentos y estamos tristes.

—No entiendo.

—Pasaron muchos años, la guerra terminó. Papá regresó vivo, aunque cojea. Pero el amo está bien. Mis conjuros para que muriera no dieron resultado.

—¿Cuántos años tienes ahora?

—No sé, creo que . . . quizás diecisiete.

Intempestivamente comenzó a jadear. Su respiración se tornó entrecortada y en su semblante se estampó el miedo. El recuerdo que vio en la pantalla debió ser fuerte para que la alterara así.

—¿Qué ocurre?

—Me llevan para el castillo. "Le mojordome" vino a buscarme.

—¿Porqué te pones así? ¿Qué hay de malo en que te lleven para el castillo?

—El amo me azotará. Ya se lo ha hecho a otras mujeres.

Presumí, por lo que había relatado durante su violación, que los comentarios de otras siervas sobre los actos sádicos de Lavigne, antes de hacer el amor, se habían propagado por sus dominios y ella anticipaba lo que habría de ocurrirle.

—Judith, quiero que mires en la pantalla y avances hasta el día de tu muerte en la hoguera. ¿Qué ves?

Mostró una mueca de disgusto y su rostro se contrajo.

—Quiero terminar con esto, profesor, es demasiado desagradable.

—Es desagradable, pero importante para ti, Judith. Tu vida actual está muy lastrada por esos traumas en tus otras vidas. Revivir esas experiencias, conocerlas, te permitirá desahogar todas esas emociones que hoy te hacen desgraciada. Sólo quiero que me hables sobre lo que te aconteció durante los últimos instantes de tu muerte y qué ocurrió después.

—Está bien, profesor –aceptó, mostrando un nuevo fruncimiento de su ancha frente.

—Ahora prepárate. Contaré del uno al tres. El chasquido de mis dedos será la señal para que comiences a revivir aquellos momentos –actué conforme le había advertido y, enseguida, su cabeza se alzó y realizó el ademán de quien trata de ver algo frente a sus ojos. Sus manos comenzaron a retorcerse, sus labios se fruncieron mientras sus miembros superiores e inferiores se contrajeron.

—Estoy amarrada a un poste sobre una plataforma. Siento mucho calor. Las llamas ya han prendido toda mi ropa. Hay mucho humo, mucho calor. El humo me asfixia. La gente grita, grita; no entiendo lo que dicen. Entre ellos veo a Emile, está con Pierre, su novio. El también odia al señor Lavigne porque lo ha mandado a azotar varias veces. Él quiere vengarse –su respiración se tornó más dificultosa–. ¡Ay Dios! ¡No puedo más, me asfixio! Con sus manos sobre la garganta abría la boca como quien busca oxígeno.

Había sido succionada de nuevo. Le ordené:

—¡Respira fuerte, sal!

No me oía, continuaba jadeando y balbuceando palabras en francés que yo no entendía. De pronto se le escapó un grito: ¡Mon Dieu!

La lámpara de luz controlada que uso en mi gabinete tuvo un parpadeo y su intensidad bajó visiblemente. Judith, desplomada, yacía sobre el asiento y su cabeza descolgaba fuera. En su semblante mostraba un intenso dolor. La acomodé, coloqué el pulgar y el dedo índice sobre su frente y, tomando su mano derecha entre la mía, le di una fuerte sacudida para que reaccionara.

—Judith –dije–, háblame.

Tras algunos segundos de inmovilidad respondió con voz débil:

—Estoy flotando encima de mi cuerpo. Veo al gentío vociferar con odio en sus caras. Me da mucha pena ver mi cuerpo calcinarse. Él está sentado en el estrado entre los grandes señores que han venido a ver mi suplicio. Conversan entre ellos. Me paro frente a él y le digo: "¡asesino, las vas a pagar, me vengaré!" Pero no me oye. Continúa conversando sobre mí y las veces que gozó mi cuerpo. Los otros señores se ríen.

—¿Después de tu cremación te elevas o te quedas en ese plano?

—No, me quedo. Quiero vengarme.

—¿Hay otros seres como tú, en ese lugar, apegados a la tierra en busca de venganzas?

—Sí, hay muchos, pero no todos quieren vengarse. Algunos están aferrados a sus bienes materiales terrenos. Hay demasiado dolor en este plano, profesor. Sáqueme.

—Está bien, está bien. Pero quiero que avances un poco y me hables algo de tu hermana. ¡Uno, dos tres!

Judith respiró profundamente y se distendió. Transcurrieron varios segundos de queda meditación. El rostro transfiguró hacia una pronunciada lasitud y comenzó a hablar con tranquila parsimonia:

—Ella y su novio, Pierre, trabajan en la cocina del castillo. Yo no me separo de ellos. Están preparando un veneno para ese hombre malo. Le hace a mi hermana lo mismo que a mí. Ella es muy bella. Tiene pelo negro muy largo y ojos negros muy grandes. Él le ordena que se desnude y comienza a pegarle con el látigo, riendo. Ella no cesa de llorar mientras él la posee con violencia. Oh, ahora sí le llegó su momento; comenzó a tomar el vino envenenado. Se siente mal, hace muecas y retuerce la boca. Cae sobre la cama. Emile se dirige a la puerta donde la espera Pierre y huyen. Ya amaneció, hay mucha confusión en el castillo. El Condestable sale a perseguirlos con perros y muchos hombres. ¡Oh Dios, Emile y Pierre se lanzan a un precipicio! Ya suben, están a mi lado.

—¿El señor Lavigne también subió a tu lado?

—No, quedó en su alcoba. Piensa que todavía pertenece al mundo de los vivos y se retuerce, con las manos aferradas a su estómago, por el dolor que le provoca el veneno. Parece enloquecido. Da vueltas y más vueltas sobre su cama. Agarra el látigo y se castiga. Es un ser maligno lleno de odio. Ahora siento piedad por él.

—Y tú, tu hermana y Pierre, ¿a dónde fueron?

—Subimos en forma de remolino, perdimos nuestras siluetas, somos luces no muy grandes.

—¿Luego así terminó tu experiencia terrenal en esa vida?

—Sí, profesor.

Paulatinamente, la expresión de su rostro mostrando la placidez provocada por el desenlace del evento anterior, comenzó a mutar hacia un estado de temor.

—¿Qué sucede, Judith?

—No sé, estoy en un barco. Hay una tormenta. Los pasajeros gritan aterrorizados. Es de noche. Hay mucha oscuridad. La madera del barco cruje haciendo un ruido infernal y el agua salada llega hasta donde yo estoy.

—¿Qué haces en ese barco?

—No sé.

—¿Sabes cuál es tu edad?

—No sé, quizás catorce o quince años. Las personas que están alrededor de mí son altas.

—A lo que parece estás reviviendo otra vida, Judith. Háblame de ella.

—Tengo mareos y náuseas, creo que voy a vomitar –comenzó el carraspeo y, enseguida, le sobrevino una arqueada. Estaba siendo absorbida por la intensidad emocional que envolvía esa memoria.

—¿Quieres agua?

—No, no me veo . . . el barco se mueve mucho. Quiero salir de aquí.

—Está bien, te voy a dar alcohol a oler. Cuando lo sientas respira profundo y piensa que das un salto hacia arriba y que todo lo estás viendo en una pantalla.

Respiró y dio varias sacudidas. El rigor de las contracciones en su cara cedió y todo su cuerpo regresó a la distensión.

—El barco se aleja de la tormenta –anunció con cierta complacencia en la voz–. La gente está más tranquila.

—¿Y tú cómo eres? Trata de verte en la pantalla.

—Soy rubia, alta y delgada, estoy cerca de los veinte años.

—¿Con quién viajas en ese barco?

—No lo sé . . .

—Vamos, respira fuerte, retén la respiración y pregúntale a tu mente con quien vas y hacia dónde.

—Un hombre vestido de uniforme militar muy vistoso y lindo me tiene cogida de la mano. Es mi padre. Nos trasladamos de Francia hacia América, al encuentro del hombre con el que estoy prometida para casarme.

—¿Casarte?

—Sí, mi papá hizo ese trato con un amigo cuando aún era una niña.

—¿De qué ciudad de Francia salieron, en qué época fue eso?

—No sé de cuál ciudad salimos, los soldados hablan mucho de un emperador.

—¿Emperador?

—Dicen que van a apoyarlo. Mi papá conversa con otro señor alto y fuerte vestido de levita que le anuncia que allí obtendrá un título de nobleza.

Inferí de sus palabras que se refería a la época en que los franceses invadieron México, para cobrar la deuda externa contraída por el gobierno de Juárez, y la posterior imposición de Maximiliano de Austria como Emperador de México. Enseguida me vino la confirmación.

—Ya el barco está atracando. El puerto se llama Veracruz. Estamos bajando, mi papá me lleva de la mano fuertemente. Hay mucha gente esperándonos. Casi todos son soldados que visten igual que mi papá. Vienen a saludarnos. Entre ellos hay uno, parece el jefe. Abrazó a mi papá y se quedó mirándome . . . Es mi prometido. ¡Oh, no!

—¿Qué ocurre, Judith?

—¡Es él, es él! ¡No quiero verlo, sáqueme!

—¿Él? ¿Quién?

—¡El malo, el señor Lavigne! ¡Oh, Dios de los cielos, esos ojos!

Su rostro congestionado mostraba cuán grande era el terror que le provocaba observar los ojos que en su recuerdo ancestral ella asociaba a un desconocido con el conde Lavigne. Este tipo de asociación me era conocido pues yo había tenido pacientes con comportamientos si no similares, sí parecidos, antes de enfrentar el retorcido caso de las hermanas Santander. No obstante, no dejó de asombrarme. Entre la época en que Lavigne vivió y el segundo imperio napoleónico debieron haber transcurrido no menos de quinientos años.

—¡Es él es él! ¡Ayúdeme, ayúdeme!

La coloración casi rojiza de su tez y las tensas contorsiones de su cuerpo me indicaron que lo pávido crecía. Entonces, sus manos soltaron los brazos del sillón a los que se aferraban y trató de proteger su rostro mientras gritaba:

—¡No señor conde, no, no me pegue . . ., auxilio!

Había hecho una nueva constatación y regresó al momento en que Lavigne la golpeaba con el látigo antes de realizar su sádico acto sexual. Reflexionaba acerca de la conveniencia de sacarla del trance cuando ocurrió algo que, en primera apreciación, me pareció absurdo. Alguien gritó: "¡ay, ay . . .!" Levanté la vista y observé a Perdomo realizando gestos, similares a los de Judith, para proteger su cara.

—¡Qué pasa Perdomo! –demandé.

—¡No, coño, a mí no!

Me volví porque ahora la voz que percibió mi oído, pertenecía a José Antonio. Y, efectivamente, lo vi mostrando los ademanes de quien está recibiendo una dolorosa golpiza. Intuí una histeria colectiva conforme a lo que yo había estudiado en un tratado de Charcot.

—¡Es horrible! –gritó Adonis– ¡Qué rostro infernal!

Inquieto, por el sesgo que tomaba la sesión, me disponía a invocar cordura a mis ayudantes cuando mi olfato detectó el insoportable olor a materia orgánica recién descompuesta que se asociaba al espíritu tenebroso que invadía el ámbito de las hermanas Santander dondequiera que estas estuvieran. Por un instante inmedible mi cerebro se llenó de confusión. Empero, la segunda naturaleza que había desarrollado en mí la práctica de la profesión me hizo ver el peligro que se cernía sobre nosotros con aquella transferencia somática entre mi paciente y el grupo de ayudantes con incisivas actitudes paranormales que la rodeaba en aquel momento. Entretanto, Lavigne o quien fuera, continuaba ensañándose en ellos. Los "ayes" crecían en intensidad. La solución que vino a mi mente fue, naturalmente, provocar la salida del trance en que Judith se hallaba profundamente sumergida. Pero mi primer intento se vio entorpecido por algo con lo que yo chocaba por primera vez. Una especie de niebla espesa se interpuso ante mis ojos y experimenté la desagradable sensación de que una fuerza invisible bloqueaba mis propósitos por tomar las mano de Judith.

En medio de aquella confusión oí la voz de María que gritaba con voz trémula.

—¡Juan, Juan, qué pasa, qué pasa! Laura está como loca y no puedo controlarla.

Entonces pareció percatarse de lo que estaba ocurriendo dentro de mi gabinete. "¡Gran Dios! –la oí invocar– ¿Qué es esto? " y desapareció de nuevo.

Las ideas corrían por mi mente con sucesión calidoscópica. Son increíbles los pensamientos absurdos que nos invaden en un instante de exaltación mental. La concatenación de ideas me llevo a recordar una máxima latina: "Creo porque es absurdo" (Credo quia adsurdum), perdida en el marasmo de mi cerebro. ¿Cómo dudar? Los hechos se sucedían ante mis ojos y los palpaba por sus efectos sobre mi cuerpo. Entonces me percaté que sólo Adonis y Humberto parecían estar en el completo control sobre ellos mismos, pues aquella intangible fuerza suelta dentro del consultorio no los atacaba.

—¡Adonis, ayúdame! –grité– ¡Ven acá!

La proximidad de Adonis pareció ejercer algún efecto sobre la niebla que comenzó a disiparse y su voz casi siempre leve alcanzó un alto registro cuando, dirigiéndose a un sujeto, para mi invisible, le ordenó:

—¡Fuera, fuera!

El efímero alivio que experimenté, enseguida se convirtió en una preocupación mayor. La faz de mi hijo se deformó feamente mientras realizaba los ademanes de un brusco forcejeo con la densa niebla que a veces parecía adquirir ante mis ojos imprecisos trazos humanoides y otras las de una bestia de mil cambiantes formas que se disfumaba una y otra vez a un ritmo vertiginoso. El desorden era inquietante y debo confesar que, por la rapidez conque se generalizaba, casi estaba perdiendo el control sobre lo que sucedía dentro de mi gabinete. Apelé al último recurso con fuerzas propias capaz de actuar:

—¡Humberto! –exclamé.

Pero ya él se había percatado de lo que sucedía con el primo y forcejaba también con ella. Con rapidez me concentré en Judith, le provoqué una brusca salida del trance y, en vano, intenté subir al máximo el nivel de iluminación. El ruido de la puerta al abrirse abruptamente me hizo levantar la cabeza. En el vano vi a María controlando a Laura. Entonces el denso enrarecimiento del aire en el interior de mi oficina comenzó a atenuarse y el pútrido olor esparcido en ella desapareció súbitamente. Recorrí con la vista el escenario entorno a mí y sólo vi estupor en los rostros de mis ayudantes, mientras Judith mostraba aún en sus ojos desencajados el pavor provocado por la pesadilla todavía no disipada del todo, en su mente. Hubo más. Afuera se produjo un estruendo.

—¡María, qué fue ese ruido! –demandé.
—No sé, Juan. Procede del parqueo. Voy a ver.

Todos nos mantuvimos estáticos observándonos con ojos incrédulos. María regresó. Su mirada indicaba pasmos y zozobra.

—Dos autos se envistieron y los hombres se fueron a las manos. Se culpan mutuamente por la responsabilidad del choque. El guardia de seguridad los separó. Ahora esperan por la policía.

Todos los presentes nos miramos como alelado. Nadie lo dijo, pero yo estaba seguro que por sus mentes cruzaban la misma inquietante pregunta que por la mía. ¿Cuánto tenía que ver con aquel accidente la fuerza oscura que, como un bólido maligno, acababa de salir de mi oficina?

Capítulo VI

Con brujería o macumba lo asediaba sexualmente

Hemos visto en el capítulo anterior lo inusitado de los fenómenos paranormales que se presentaron en mi gabinete; aunque, de hecho, su escenario puede ser cualquier otro lugar como ocurrió en el elevador del edificio de Collins Avenue, donde viví durante un tiempo. No pienso en su carácter insólito por infrecuencia. Quizás algunos de los lectores hayan vivido la experiencia de que el elevador donde se trasladaban, atestado de personas y entre ellas una que padece de claustrofobia, sufriera un desperfecto mecánico entrepisos. Pues bien, a mí me tocó vivir esa experiencia, el mismo día y a la misma hora, con dos personas distintas. Y el caso de uno de ellos tuvo para mí una trascendencia poco común.

Nos acercábamos al fin del segundo milenio de nuestra era. Lleno de nuevos bríos y esperanzas comenzaba a rehacer mi vida después de seis años tratando de superar la devastadora secuela que el perverso espíritu de Gaspar Pruna, suegro de una de las Santander, había dejado en ella. Justamente entonces tuve que enfrentar el curioso incidente que veremos enseguida.

Todas las fobias son formas de defensa irracionales creadas por patrones de conductas o experiencias negativas, vinculadas al tipo de fobia: altura, agua, encierro, etc., inducidas en el subconsciente en un momento dado. El fortuito e involuntario paciente que adquirí después del incidente del elevador vino a confirmarlo una vez más.

Todo se inició con una falla súbita en el fluido eléctrico del elevador donde yo bajaba una mañana para trasladarme al trabajo, como probablemente les ocurría a las otras personas que coincidimos allí en ese instante. Para desgracia nuestra, el aparato se detuvo entre el primer piso y el Lobby. Como suele suceder en estos casos, el primer minuto fue de intercambios de bromas y algunos chistes. Pronto, las ocurrencias jocosas comenzaron a agotarse y los rostros adquirieron la adustez característica de la preocupación. A los cinco minutos, como nadie daba señal de haber oído nuestros reclamos de ayuda por medio de la alarma de emergencia, las cosas empezaron a ponerse feas en el interior del reducido espacio donde nos hallábamos encerrados: primero una señora, cuya edad fluctuaba entre los cincuenta y tanto y los sesenta, comenzó a dar muestra de un descontrol emocional que la estaba arrastrando al pánico: intentó, infructuosamente, abrir la puerta; después golpeó las paredes con la cabeza, mientras una saliva espumosa escapaba entre sus labios cerrados. Me di cuenta de que me hallaba ante un ataque potencial de histeria colectiva si no lograba controlarla a tiempo.

—Señora, atiéndame, por favor. Tranquilícese. Soy experto en puertas de caudales –mentí–, y tengo experiencia en puertas de elevadores. Yo resolveré esto.

Ella detuvo los golpes a las paredes y me clavó la vista.

—¿Usted sabe, usted sabe?

—Sí, pero debe calmarse, señora –me dirigí al resto de las personas–: Necesito espacio para trabajar, así que todos los que puedan deben sentarse y permanecer tranquilos. Por favor, dejen espacio para que la señora se acomode.

La mujer obedeció y la tensión en los rostros, en general, se suavizó algo. Entonces comencé a sedarla por medio de una inducción indirecta. Le dije que cerrara los ojos e imaginara que se hallaba sentada en la sala de su casa, muy cómoda, mirando su programa favorito de televisión. Las cosas parecían haberse encausado hacia la calma cuando un joven brasileño, de unos veinticinco años, irrumpió en gritos: "¡sáquenme, auxilio, quiero salir, auxilio!" Me volví hacia él. Su rostro se había transformado. Observé a la cincuentona; parecía calmada, pero sus ojos me miraban ansiosos. En cualquier momento, por transferencia, podría reanudar el ataque de pánico.

Felizmente, y para alivio de todos, el elevador reinició su descenso. Cuando la puerta se abrió, algunos me dieron las gracias y otros se apresuraron como quienes sienten la necesidad de alejarse del lugar. La señora respiró varias veces y con un movimiento de cabeza mostró su agradecimiento; pero Eduardo, (ese es el nombre que utilizaremos para nombrar al joven brasileño) cayó sobre un asiento del vestíbulo, sudando copiosamente.

—¿No te sientes bien? –movió la cabeza–. Respira, respira, ya todo pasó.

Transcurrió casi un minuto antes de que alcanzara el sosiego.

—Usted hipnotiza a la gente, ¿verdad?

—¿Por qué preguntas eso?

—Lo he oído decir en el parqueo.

—Soy hipnoterapeuta, Eduardo. Cuando me di cuenta de que la señora padece de una enfermedad que llamamos claustrofobia, le apliqué una técnica que empleamos para estos casos. Ella respondió bien, y de pronto saltaste tú. Justamente lo que trataba de evitar, ya que ese tipo de histeria suele generalizarse en los lugares donde las personas no tienen la opción de escape.

Lo observé. Ya había rebasado completamente el estado de pánico. Saludé para irme. Él me dio las gracias y me acompañó hasta el parqueo donde nos despedimos. Para mí el incidente del elevador había terminado allí. Para Eduardo, no; como veremos enseguida.

Una semana después (y estoy hablando de una fecha significativa pues faltaban unos días para el fin del milenio), Eduardo y yo volvimos a coincidir en el elevador y, para asombro mío, tenía en las manos un libro que yo había escrito recientemente, Abre la puerta, el poder está dentro de tu mente: curso dinámico que enseña la composición y el funcionamiento de la mente y varias técnicas para realizar cambios permanentes dentro del subconsciente.

Satisfice su deseo de que le autografiara el libro y escuché con impaciente atención las palabras que siguieron:

—Si le contara las cosas por las que yo he pasado en estos tres últimos años usted no las creería.

—Estoy seguro que deben ser muy interesantes –convine con él por cortesía–. Pero ahora me esperan en el trabajo dos pacientes citados.

Mi respuesta pareció desalentarlo y con rostro compungido se dirigió al estacionamiento. Yo lo seguí, subí al auto y maniobré siguiendo sus indicaciones para salir de mi valla. Sus ojos mostraban a gritos el reclamo de ayuda. Cuando ya había avanzado un tramo en la pista su silencioso reclamo hizo impacto en mí. Retrocedí.

—Eduardo, sobre las seis de la tarde yo estaré de regreso. Tú sabes cuál es mi apartamento. Date una vuelta por allá. Nos tomaremos un café y hablaremos.

En el cambio de expresión del rostro percibí cuán hondo era el problema que lo atenazaba. Regresé a las siete de la noche y recostado a un auto estacionado en el espacio colindante con el mío se hallaba Eduardo. Debo confesar que ya me había olvidado de él y hasta del ataque de pánico. Inmerso en mis problemas y cargado de adminículos para el árbol de Navidad que María estaba adornando ya con retraso, no era a Eduardo, precisamente, lo que traía en mi cabeza. Subimos a mi apartamento y lo dejé conversando con María mientras yo me introducía en el baño para darme una ducha. Quince minutos más tarde, nos hallábamos en el pequeño cuarto que yo había convertido en biblioteca y salón de reposo cuando quería aislarme para la reflexión. Nos tomamos el café que coló María y esbocé un silencioso ademán instándolo a que hablara. Se demoró en comenzar y, cuando se decidió, escuché pacientemente el largo e incoherente relato de sus vicisitudes que resumo aquí para la mayor simplificación de nuestra historia.

Eduardo Oteiro, tal es el apellido que utilizaremos, era hijo único de una familia de clase media que, con no poco sacrificios, sus padres enviaron a estudiar economía en una de las universidades de la ciudad Sao Paulo, donde residía la familia. Al concluir los estudios comenzó a trabajar en la compañía de bienes raíces propiedad de Vendimiro Paceiro Dos Santo, cuya mujer, Doña Ana, pasada de los cincuenta, siempre lo miró con disimulados ojos de deseos e insinuaciones a las que él pretendía no darse cuenta por la doble razón de que no le interesaba y, la más importante, estaba enamorado de una joven que trabajaba en la misma compañía. Este acoso había trascendido no sólo a su prometida, sino también al resto de los trabajadores. Entonces sucedió lo inesperado. Vendimiro murió de un ataque al corazón, según se dijo, aunque nadie conocía sus padecimientos de ese órgano vital y Doña Ana pasó a ocupar la cabeza de la empresa. El asedio a Eduardo, de embozado, pasó a la luz del día.

Hubo un viaje a Francia, supuestamente por razones de negocio, y la viuda de Paceiro eligió a su brillante economista para que la acompañara. Y, ya en París, puso sus cartas boca arriba: bodas y la gloria en la forma de todos los lujos y gustos se rendirían a sus pies. Eduardo, muchacho sin maldad, rehusó con cortesía, pero con firmeza. Zulema, ese era el nombre de la novia, y él, ya habían hecho sus planes de boda para final de año. Doña Ana rogó, se arrodilló implorando con ojos anegados en lágrimas, pero al regreso a Sao Paulo ambos mantenían el mismo estado civil anterior al viaje. A esta altura del relato, naturalmente, yo había sacado mis conclusiones de cómo reaccionaría, y realmente así ocurrió, una mujer con poder, posesiva, y obsesa con un amor otoñal no correspondido: a la semana, Zulema había perdido su trabajo y al mes siguiente tuvo un extraño accidente automovilístico que le dejó una parálisis permanente. Eduardo, preparado psicológicamente para oír las palabras con la cual se pondría fin a un trabajo tan prometedor y del que dependía su familia, se asombraba de que Doña Ana lo tratara con una fría y distante deferencia y, por contraste, no desaprovechara una oportunidad para elogiar su trabajo delante de los directivos de la compañía. Había pasado otro mes desde el infausto accidente donde su novia quedara parapléjica cuando otro joven, tan buen mozo como Eduardo y de aproximadamente la misma edad, entró a ocupar el cargo dejado vacante por la infeliz Zulema. Un corto tiempo después ya se hablaba de boda entre el suplente de su novia y Doña Ana. Se repitió lo del viaje con acompañante a París y, en esta ocasión, sí los trabajadores de la flamante empresa de la viuda de Don Paceiro pudieron festejar el día del regreso. Doña Ana lo decretó libre y pagado e introdujo en el sobre de todos los empleados, incluyendo el de Eduardo, la invitación para asistir a la boda, en la mansión donde meses antes había muerto el bueno de Vendimiro. Eduardo no asistió y, según me confesó, ocurrió lo que esperaba: Doña Ana, en persona, le entregó al día siguiente de su regreso de la "Luna de Miel" el documento donde lo eximía de sus responsabilidades en la empresa. Sólo habían dos semanas desde el despido de Eduardo cuando éste tuvo un accidente en circunstancias muy parecidas a la de su novia; con la diferencia de que ella viajaba sola y él, acompañado de sus padres, quienes murieron al instante. Durante treinta horas, Eduardo, mal herido, estuvo encerrado debajo del amasijo de lata en que se convirtió su auto al rodar por una ladera. Pero lo que me provocó el pasmo fue la confesión final. El accidente se produjo durante el día, en una carretera sin tráfico que bordeaba un barranco, cuando, en medio de una conversación tranquila con sus padres, una especie de sombra le nubló la vista y le hizo dar el timonazo que, finalmente, lo lanzó ladera abajo. Hasta ahí y merced a un poco de esfuerzo, él era capaz de comprender lo sucedido. Había tenido una especie de súbito e instantáneo vahído, aunque no padecía de ninguna enfermedad que pudiera causarle tal reacción.

—Pero, profesor –me confesó–, esto fue exactamente lo que le pasó a Zulema. Cuando ella me lo contó no quise creerla. "¡Fue un vahído!" –le dije. "¡No, fue una sombra!" Reafirmó ella. Nadie ha podido quitarle de la cabeza que fue una sombra y hoy yo estoy convencido de que fue una sombra; nunca más en tres años he tenido un vahído. Después de ese maldito accidente nada me ha ido bien. Todos los trabajos que he intentado para superar mi desgracia, siempre han terminado en fracaso y mi autoestima está tan abajo que decidí trasladarme hasta aquí en busca de nuevos horizontes y la única ocupación que me siento capaz de realizar con cierta seguridad es la que usted conoce. "Atrás, a la derecha, a la izquierda" ¡Maldita sea, esa mujer me echó macumba! (palabra equivalente a "brujería" en los países del Caribe).

Aunque era temprano para formarse un juicio definitivo, la claustrofobia de Eduardo parecía tener una explicación plausible en las treinta horas de encierro en su auto volcado y las huellas que este evento podía haber dejado en su subconsciente. En cambio, lo de la sombra nublándole los ojos y obligándolo a dar el timonazo asesino, era fascinante. No es que los fenómenos paranormales donde sombras o entes parecidos inducen a cometer actos contra nuestra voluntad no ocurran a veces; bajo determinadas condiciones, claro está. De hecho, la historia de la parapsicología recoge estos casos y el de las hermanas Santander que estamos presentando en este libro es un ejemplo vivo de ello. Pero lo que sensibilizó profundamente mis sentimientos fue comprobar, a medida que él relataba la historia de su vida, el increíble paralelismo que existía con la mía: ambos, por la incursión dentro de ellas de seres rencorosos residentes en las regiones de sombra adyacente a nuestro mundo, habíamos visto derrumbarse ante nuestros ojos todo lo que con tanto sacrificio y dedicación construimos.

Desde un punto de vista estrictamente técnico era factible inducirle a una regresión a vidas pasadas suyas y tratar de detectar en ellas, si era posible, las influencias que estaban ejerciendo en la actual. Pero mi agenda para varias semanas siguientes se hallaba cargada de pacientes en procesos terapéuticos y otros en esperas de turnos. Y yo era reacio a utilizar mi santuario de descanso en lugar para sesiones de trabajo ¿Qué hacer?

Eduardo fijó en mí sus ojos desesperados, pensando con lógica, quizás, que mi silenciosa reflexión obedecía al titubeo.

—¡Por favor, ayúdeme! Dentro de dos semanas empieza un nuevo año; un nuevo milenio . . ., tengo que soltar esa maldición ahora, o me perseguirá siempre. ¡Ayúdeme! Le pagaré como pueda –el desesperado ruego se acentuó en sus ojos.

Yo que soy muy vulnerable a los ruegos de personas necesitadas realicé un movimiento de cabeza en señal de resignada aceptación. Por mi mente, en aquel momento, cruzó mi hijo Adonis de una edad aproximada a la de Eduardo.

—No te preocupes, Eduardo, lo que pueda hacerse lo haré.

Por su forma de abrir los ojos colegí que mis palabras superaban sus expectativas. Suspiré y lo invité a sentarse en el sillón reclinatorio de mis momentos de meditación.

Inicié con él una conversación de intrascendente apariencia, pero que en realidad perseguía la finalidad de atenuar el nerviosismo que lo dominaba. Cuando se calmó, sus ojos atiborrados de expectación se hallaban clavados en mí.

—¿Va a hipnotizarme?

—Tranquilo. Por lo que me has contado conviene que busques en tu subconsciente los recuerdos traumáticos que te producen esas limitaciones en tu vida actual. Eso lo lograrás desahogando emociones y realizando, dentro de él, nuevos procesos correctivos. Además, trataremos de que proyectes tu conciencia al lugar donde se registra la información de tus pasos anteriores por la tierra. Quizás así podamos averiguar el origen de tus desgracias y los medios para subsanarlas.

—¿Seguro que podré saber el motivo de todo lo que me está pasando? – inquirió con reprimido entusiasmo.

—No puedo asegurarte nada. Dije "quizás", ya que no se trata de ningún prodigio de magia. Sé que la información está ahí porque mi experiencia con múltiples casos que he tratado me lo confirman. Que puedas o no llegar a esa información mucho depende de ti.

Recliné el sillón, bajé el nivel de iluminación y la inducción hipnótica lo llevó, por medio de símbolos, hasta un lago en la ladera de una montaña de verdosa vegetación. Era una indicación de la capacidad que poseía para bajar a niveles profundos de su mente. Aproveché ese estado y lo induje a una regresión siguiendo los pasos ya conocidos.

—¿Dónde te hallas? –le pregunté.

—Estoy en una senzala con muchos esclavos. Es de noche y todos olemos muy mal.

—¿Qué haces en ese lugar?

—No sé . . . ¡Oh, Dios! ¡Yo también soy un esclavo . . ., soy negro!

—Quiere decir que en esa vida fuiste esclavo. Observa, tiene que haber algo que te ligue a esta vida.

—Ahora vienen a buscarme . . . ¡Dios Santo . . .! ¡Es Doña Ana! Me lleva con ella para la casa grande. Me baña. Acaricia mis testículos, los besa. Me obliga a hacer el amor con ella . . .

—¿Doña Ana no tiene marido?

—Sí, él duerme; ella le echa cosas que le prepara el brujo nuestro para que duerma. ¡Ay mi, Dios . . .!

—¿Ahora qué pasa?

—¡Ay, ay . . . sáqueme de aquí, sáqueme de aquí!

Se retorcía sobre el sillón y en su rostro aparecieron contracciones de dolor. Le coloqué los dedos en la frente y traté de sedarlo. Su conciencia penetró profundamente en esa memoria y comenzó a revivir el evento como actual.

—Cálmate, Eduardo, ya eso pasó. ¡Respira fuerte! Así, otra vez . . . –estiré su brazo y lo insté–: ¡Busca, sigue buscando!

—Una cosa oscura me hala, profesor. Estoy dentro de un remolino. –su rostro se tornó lívido y su cuerpo se retorcía–. Hay niebla, mucha niebla . . . ¡Oh, es Doña Ana! Me hala dentro del círculo de negros bailando y tocando. Hay un cabrito manando sangre por la garganta. Doña Ana me ordena tomar la sangre, yo no quiero. Dos negros me obligan –las contracciones del rostro eran de asco. Se llevó las manos a los oídos–: ¡Parem esses tambores, estao me deixando louco!

Tuve que tomarle las manos y sacudirlo con fuerza para que volviera a la calma.

—Eduardo, esos tambores no existen. Respira fuerte para que no los escuches más.

Pero mi intento por volverlo a la tranquilidad no dio resultado. Tan pronto lo solté se puso de pie como impulsado por un resorte y comenzó a golpear las paredes con la cabeza y los puños, mientras gritaba: "¡assasina pagarao por todo o mal que me tem feito!"

Atraída por el ruido provocado, María abrió la puerta y me hizo seña de que los golpes en la pared estaban trascendiendo nuestro apartamento.

—Acércate y ayúdame –le dije.

Merced a mucho esfuerzo, María y yo logramos sacarlo de esa brusca inmersión en su memoria subconsciente y lo retornamos al sillón. Le dimos un vaso de agua y le pregunté:

—¿Qué fue lo que viste que te enfureció tanto? Perdiste el contacto con la realidad.
—Fue todo muy extraño. Recuerdo que huía hacia el quilombo porque todos los días me azotaban y, de pronto, un remolino me arrastró hacia un ritual de bruxaría.
—Pero, ¿en la misma vida?
—Sí, así me lo pareció. He oído hablar mucho de esos ritos que se practican en mi país y sé que hay personas que lo usan para hacer daño a otros . . . ¿Pero Doña Ana? Era dueña y señora de todos nosotros. ¿Qué necesidad tenía?

Las personas obcecadas por lograr algo, no necesitan razones. ¿No dijiste que ella hechizaba a su marido utilizando brebajes que su brujo preparaba con el propósito de poseerte?

—Sí, eso vi.
—Sus creencias estaban vinculadas a la brujería. ¿Lograste huir hacia el quilombo?
—Sí, después de matar a Doña Ana.
—¿Mataste Doña Ana en esa vida?
—Sí, mi papa, también esclavo, fue quien me ayudó porque Doña Ana lo obligaba a él a darme veinte azotes diarios después que prefirió a otro esclavo para hacer el amor.

Al margen de que no me resultaba claro que designio perseguía Doña con aquel ritual o si sólo se trataba de un confuso registro de esa información en el subconsciente de Eduardo, era evidente que ambos venían enredados desde vidas pasadas, siempre en situaciones de venganzas, por los deseos de esta señora de satisfacer reclamos sexuales con Eduardo.

—¿Cómo te sientes ahora?

—Nunca estuve involucrado con ninguna religión africana. Pero ahora siento como si hubiera roto ese maleficio que Doña Ana echó sobre mí con sus bruxarías.

—Sí. La catarsis que te provocó el enfrentamiento con esa realidad desconocida por ti, te hará mucho bien. Estoy seguro de que tu vida va a cambiar de hoy en adelante. De todas formas, convendría que recibieras otra sesión, pero lo haremos la semana entrante. Creo que el próximo miércoles es el más indicado.

—Profesor, ¿cómo podré pagarle?

—No es momento de hablar de paga.

Se retiró con expresión agradecida y María y yo nos mantuvimos hasta la media noche comentado su caso. El miércoles siguiente, a las siete en punto, ya se hallaba oprimiendo el timbre de la puerta. Lo induje con facilidad pues poseía excelentes cualidades sensoriales.

—Pídele a tu subconsciente que te lleve a donde están tus padres.

—Sí, estoy en el lugar donde tuve el accidente, profesor. Veo a mi papá, desesperado, tratando de escapar de la trampa de hierros retorcidos en que se convirtió mi auto.

—Y tu mamá, ¿no está ahí?

—Sí, flota a mi lado, no se separa de mí. Tiene mucha luz y quiere decirme algo . . ., pero no entiendo.

—Respira fuerte . . ., otra vez. Así. ¿Ahora la oyes?

—Me dice que mi papá está trabado allí y no puede salir hasta que yo arregle todos mis problemas con un ser que él y yo hicimos sufrir mucho en nuestra vida pasada.

—¿Qué ser es? ¿Tú lo ves?

—El esposo de Doña Ana. Fue amo mío y de mi papá cuando éramos esclavos. Me dice que él sabía que Doña Ana tenía relaciones sexuales con los esclavos, pero que no debimos matarla. Él la quería mucho, llora y me pide perdón por lo que me hizo sufrir a mí y a los otros esclavos.

—Perdónalo y pídele perdón. Dile que estás arrepentido de haberla matado.

—Ya lo hice, profesor. . ., se va; está subiendo. Profesor, mi mamá quiere darle las gracias por lo que ha hecho por mí. Dice que ya no estaré más desorientado, que mi vida va a cambiar.

—Dile que aprecio mucho su agradecimiento. Que ayudarte a ti también me ha ayudado mucho a mí.

CAPÍTULO VII

HERMANAS EN ESTA VIDA, HIJA Y MADRE EN LA ANTERIOR

Hemos dicho ya en páginas anteriores que en la apreciación de los autores el caso de las hermanas Santander fue escogido por su complejidad, para ejemplificar las enormes potencialidades de la hipnoterapia como medio de poner al desnudo los traumas agazapados en el subconsciente de algunas personas desde vidas pasadas y que, de un modo u otro, afectan sus vidas actuales sin que ellas estén conscientes de ello hasta que se someten a trances hipnóticos por una autoridad en la materia.

Habían transcurrido varios días desde la sesión en que Judith hizo un regreso a su vida pasada durante la época de la Inquisición donde su cuerpo fue quemado y como colofón la irrupción de ese espíritu nefasto que causó tanto desorden en mi gabinete y nos dejó a todos en un estado de excitación nada agradable: mis colaboradores muy alterados y Judith totalmente desequilibrada. Eso me obligó a prolongar la sesión para que, por medio de una terapia de desahogo y distintos procesos racionales, mi paciente no sólo quedara sedada sino que lograra eliminar algunos de los torturantes recuerdos que la tenían al borde de la locura y la obligó a abordarme la noche de nuestro primer encuentro en la casa de José Antonio Vales. Los resultados fueron tales que se dirigió a la puerta desbordante de alegría, dejándonos a todos asombrados con las palabras emitidas antes de su salida:

—Con la lección de hoy esa maldita sombra no volverá a molestarnos. ¿Usted no cree, profesor?

Algunos días después de la mencionada sesión, Laura llamó a María para rogarle que le adelantara la cita programada para la semana entrante. Su entusiasmo se debía al progreso logrado por Judith y ella estaba ansiosa por comprobar si le iría tan bien como a su hermana. María me lo comunicó muy entusiasmada y le dije que la citara para el sábado, día en que las sesiones podían prolongarse sin limitación de tiempo, después de las clases. También la instruí para que hablara con Adonis, Humberto, José Antonio y Perdomo, quienes nos habían resultado muy útiles en la tumultuosa sesión de Judith.

Realmente no me asombró la mejoría de Judith; antes bien, yo esperaba alguna manifestación de euforia por parte de ella. El simple hecho de conocer el rastro traumático de nuestras vidas pasadas ya de por sí constituye un alivio en nuestro sistema emocional y si a ello le sumamos que durante la sesión Judith había llorado mucho ya podíamos explicar el cuadro de euforia mostrado por mi ella y que tanto había influido en la hermana.

Pero un estado de euforia transitorio, después de una terapia regresiva exitosa, no debe confundirse con la curación. Los embrollos de las hermanas Santander con otros seres de su familia eran de tal naturaleza que hasta yo a veces me sorprendía cuando, en medio del trance a que les sometía, les oía relatar cómo unos fueron verdugos de otros a lo largo de centurias de reencarnaciones.

El sábado, minutos antes de la hora para la cual fueron citadas, las hermanas hicieron su aparición. Sus rostros presentaban un aceptable aspecto de placidez.

—Estamos a sus órdenes, profesor —dijeron las dos a la vez

—Veo que las caras han cambiado.

—Me siento mejor —admitió Judith—. Tengo que decirlo, después de la última sesión me siento mejor . . . ¡Se lo agradezco!

—Ahora me toca a mí —anunció Laura con acentuada decisión.

Asentí con la cabeza.

—Naturalmente —dije—, y espero, como lo acordamos, que no se hayan estado contando entre ustedes lo ocurrido en las sesiones de cada una.

Hubo entre ellas un cruce de miradas culpables. Por supuesto, no eran muchas mis esperanzas de que no se hicieran confidencias: vivían juntas, eran hermanas padeciendo los mismos traumas provocados por las razones explicadas anteriormente que se remontaban a siglos atrás y, además, se profesaban, al menos en lo aparente, un amor filial sincero. Así que debía precaverme, durante la sesión con Laura, contra los posibles influjos que, en su mente, habían dejado las confidencias de su hermana. En casos como estos los hipnoterapeutas debemos de estar atento a la información refleja de los pacientes; pues, aun sin ser sus deseos, pueden relatar en el trance no las memorias registradas en el subconsciente, sino aquellas vinculadas entre si y editadas por el consciente.

—Había decidido, Judith, que no participaras en la sesión de Laura. Ahora hay una razón adicional para que no estés presente.

Hizo una mueca y pareció que iba a replicar, pero se mantuvo callada. Me volví. El ruido en las proximidades de la puerta delató la llegada de los asistentes que María había citado.

Después de los saludos, le hice señas a María para que se quedara afuera con Judith e invité al resto a entrar. Dispuse el personal más o menos de la misma forma que durante la sesión anterior y situé a Laura en el sillón reclinable. Noté que ante la proximidad del trance su júbilo se había disipado. Las pupilas de sus ojos, dilatadas, transmitían una sensación de espanto en su fijeza.

—Relájese, Laura. ¿Qué pasó con esa seguridad de hace un momento?

—No sé, profesor –murmuró asustada–. De pronto pensé en el odioso ser que nos atacó en las sesiones anteriores y temo que lo vuelva a hacer ahora.

—Tú, tranquila –ordené–. Nada habrá de pasarte; te lo garantizo. Si ese ser se presenta de nuevo, estamos preparados para enfrentarlo. ¿No es así, muchachos? –pregunté para transmitirle confianza.

—Aquí estamos todos para ayudarte –confirmaron, casi al unísono, Humberto y Adonis.

—Ves, Laura. Ellos están alertas. Ahora relájate. Piensa sólo en que esta sesión es un paso más en la dirección de acabar con esas pesadillas que atormentan tus noches –no contestó; pero, después de varias inspiraciones, la tensión en sus pupilas cedió y su cuerpo comenzó a distenderse–: Es muy importante, Laura –continué–, que me describas las cosas que "ves" con la mayor exactitud posible y si aparecen memorias que tú pienses no tengan nada que ver con tus pesadillas o la sombra, también me las describas.

—Entiendo, profesor. Como cuando vi a mi papá gritando que yo no era su hija.

—Exacto. Para mí son muy importantes las cosas que, en apariencia, nada tengan que ver con Ramón o con la sombra.

Asintió y cerró sus párpados. Comencé el proceso de inducción y la flacidez se fue extendiendo por todos sus músculos, mientras una expresión de delicada ternura transfiguraba su rostro:

—Estoy en una playa, profesor. No sé como describirla. ¡Es tan bella!

—¿Te sientes feliz en ese lugar?

—Sí, muy feliz; es maravilloso.

—¿Has estado antes en ese lugar?

—Sí, me parece conocido. Me recuerda a una vez que estuve en Acapulco con Ramón. Pero sólo veo el mar, rocas, un cielo muy azul y mucha vegetación.

—Por lo que describes me doy cuenta que tú te hallas en un lugar bello y me alegra que hayas visto algo así, porque este símbolo indica que has subido a un plano emocional más elevado.

Su faz se cubrió de inefable ternura.

—¡Hay tanta paz y felicidad aquí! –murmuró en un tono casi inaudible.

Como investigador deseé comprobar una vez más si entre las hermanas Santander se efectuaba transmisión psíquica no solo de dolor sino también las de placer. Envié a Perdomo a la recepción para que verificara. Cuando regresó, me dijo: "Parece dormir plácidamente". Esta información corroboraba los grandes lazos espirituales existentes entre las hermanas.

—Laura, en este momento tan especial que te ha proporcionado tu inconsciente, quiero que le preguntes de dónde viniste antes de reencarnar en esta vida.

—¡Oh, me voy! Siento que me estoy yendo, profesor. Me voy de la playa.

—¿Hacia dónde?

—Me alejo de la playa. ¡Qué sensación tan agradable; me deslizo sobre los árboles! ¡Ay, qué pueblecito tan lindo!

—¿Te hallas en un pueblo?

—Sí, hay muchas casitas de madera pintadas de blanco.

—Trata de ver cómo eres.

—Soy joven, delgada, mi pelo es largo y trigueño. Me parezco un poco a mí.

—¿Entonces eres tú?

—Sí, soy yo y no soy yo.

—Laura, te estás viendo en otra vida, aunque no se parezcan mucho. Cuéntame más del pueblecito.

—Es bello, profesor. Hay muchas embarcaciones pequeñas en la playa. La gente se dedica a la pesca.

—No hay duda de que estás en una vida pasada donde al parecer no tuviste muchos problemas. Vamos a regresar a esta vida para trabajar en ello.

—Profesor, le pido un favor. Quiero saber quiénes fueron mis padres antes de regresar. ¿Es posible?

—Sí, claro, si lo deseas es posible. Lo haremos de un modo objetivo. Contaré hasta tres, y al final sentirás mis dedos entre tus cejas. Entonces regresarás a ese momento de tu vida emocional en que te hallabas junto a tus padres. ¡Uno . . . dos . . .! ¿Dónde estás?

En su rostro hubo una notable mutación hacia la violencia y se aferró con fuerza a los brazos del sillón.

—Monto un caballo que corre en medio del polvo. Somos muchos. Todos gritan.

—¿Qué edad tienes?

—Soy mayor; tengo más de veinte.

—¿Estás con tus padres?

—Sí, estamos en guerra, vamos a atacar a un pueblo.

—¿Guerra? ¿Por qué?

—Por la tierra.

—Laura, descríbeme un poco a la gente. ¿Cómo visten?

—Son muy alegres y bullangueros. Los sombreros son alones y de pico. Llevamos puesto ponchos, porque hace frío . . . Nos parecemos a nuestros charros.

Por su descripción y mis rudimentarios conocimientos sobre la historia de México, concluí que debía tratarse de la época de las grandes luchas agrarias del campesino mexicano. Ella cortó el hilo de mis pensamientos.

—¡Profesor, debo decirle algo! Con esto que veo, o parecido, he tenido pesadillas cuando era chiquita.

—¿Recuerdas a qué edad tu soñabas con estas cosas?

—Sí, sí, regreso, regreso. Estoy con mi hermana Judith. Soy pequeña. Estamos a la orilla del río. A Judith se le cayó la muñeca de trapos con la que jugaba. Yo traté de agarrarla y resbalé hacia el agua. ¡Ay, virgencita, la corriente me lleva! ¡Me ahogo, me ahogo!

Comenzó un sofocado jadeo y sus brazos se movieron como quien chapotea en el agua, después se desplomó. Coloqué los dedos sobre su frente y, enseguida, sacudí sus manos.

—¡Laura, escucha mi voz! ¿Qué ocurrió?

—Mi hermana y dos hombres me sacaron.

Su cuerpo comenzó a estremecerse como si tuviera escalofrío.

—Siento frío –dijo Adonis–, tiemblo. Hay alguien observando.

—¿Es la sombra, Adonis? –pregunté para cerciorarme.

—No puedo verlo, pero la está observando; es alguien muy cercano a ella. Quiere decirle algo.

—Bien, bien, Adonis. Laura, ¿por qué temblabas así?

—Lo que vi a mi lado me produjo miedo, pero se me está pasando, profesor. Ahora siento calor en la frente. ¿Quién está a mi lado? . . . Mi padre está a mi lado . . ., pero si él está muerto, no entiendo.

—¿Tu padre está a tu lado?

—Sí, me pide perdón por los daños que le causó a mi madre y a mí cuando era niña y dudó que yo era su hija. Me dice que no quiso ser malo con nosotras, que lo perdone.

—Entonces, ¿estás viendo a tu padre?

—Sí. Me dice que hay un ser oscuro que quiere hacerme daño.

—¿Quién, Ramón?

—No. Me informa que Ramón está molesto conmigo porque cree que yo lo abandoné. Que la única persona que puede ayudarlo soy yo y no lo hago.

—Entonces, ¿quién es?

—No lo sé, dice que pronto lo sabré; que todos debemos estar preparados.

—¿Dónde está tu padre?

—No hay mucha luz aquí, él está tranquilo ahora, cerca de nosotros. ¡Oh, Dios, no!

—¿Qué ocurre?

—Él fue quien nos traicionó en la otra vida. Estábamos combatiendo y él cayó herido. Lo hicieron prisionero. Todos huimos para el campamento. Lo torturaron y traicionó. Les indicó los puntos desguarnecidos y por ahí nos atacaron.

—¿Se supo en ese momento que fue él quien los traicionó?

—No, nunca lo supimos . . . ¡Ay mi pobre niña!

—¿Qué sucedió? ¿Tienes una niña?

—Sí, di a luz en el campamento. ¡Oh, están llegando los Federales y lo arrasan todo. ¡Oh, virgen de Guadalupe, qué monstruos, asesinan a mujeres y niños!

Relataba los hechos como si los estuviera viviendo. Tomé sus manos y las sacudí, para volverla al estado que me permitiera mantener la comunicación con ella.

—¿Moriste ahí con tu niña?
—¡Asesinos! –gritó Humberto.

Comprendí que Humberto se había adentrado demasiado en el subconsciente de Laura y somatizaba sus sentimientos como propios

—Adonis, ayuda a Humberto. Ha penetrado demasiado.
—Está bien, papá –repuso Adonis.
—¿Moriste junto a tu niña? –repetí.
—No, me escondí y no nos vieron ¡Dios del cielo, cuántos lamentos de gente mutilada! Me voy, me voy. Profesor, ¿qué es esto? Mi hija es mi hermana Judith. Estoy confundida, ¿es posible eso?

Prorrumpió a llorar. Sus hipidos eran ruidosos.

—Claro que es posible, y me alegro que lo hayas comprobado. Las vidas de ustedes dos arrastran un enlace desde tiempos remotos. Pero cuéntame de ella.
—¡Ay, profesor! Estoy otra vez en el río donde por poco me ahogo.
—¿Estás recordando algo?
—No, es ahora, ahora . . .

Comprendí que había tenido una proyección astral hacia un lugar muy importante en sus distintas vidas.

—Eso significa que tu percepción sobre México está en ese río.
—Sí, cerca de él nací en esa vida, y cerca de él, morí. Y ahora me hallo aquí nuevamente. Mi padre está con nosotros. Dice que no se marchará hasta que no suba el último de los que murieron por su culpa.
—¿Hay muchos seres en tormento ahí, Laura?

—Es increíble lo que veo, profesor. Pelean entre sí como perros. Montados a caballo o a pie se despedazan unos a otros con fiereza. Hay una batalla con fusiles y machetes, los ayes me rompen el tímpano y yo lo percibo todo como si estuviera en una sala de cine mirando una película por segunda o tercera vez. Todos se hallan en ese infierno sin poder salir. Oh, esto es desesperante, ¡No quiero ver más!

—Cálmate. Regresa otra vez a la playa.

—No, a la playa no quiero ir otra vez –negó de forma rotunda.

—¿Por qué?

—Odio esos recuerdos. Con lo que he visto es suficiente.

—Está bien, te comprendo. ¿Te gustaría, antes de que terminemos la sesión, ir a un jardín con flores muy bellas y de distintos colores?

—Sí, sería agradable, para calmarme. Pero antes deseo despedirme de mi papá. Que sepa que no siento rencor.

—Sería bueno que lo hagas. ¿Dónde está tu papá?

—Él está aquí, a mi lado.

Sus miembros conformaron un abrazo y escuché un ininteligible bisbiseo, después su cuerpo volvió a la lasitud.

—Profesor, él quiere darle un beso a Judith.

Le hice una seña a Perdomo para que la trajera. Cuando regresaron, Judith fue directamente hacia su hermana. Se abrazaron y las dos comenzaron a llorar ruidosamente. En ese instante, experimenté la desagradable sensación de que algo andaba mal. Observé a Adonis y vi en sus ojos esa señal precursora, que yo conocía, de que había detectado alguna forma de influencia extraña entorno a él. Entonces, la temperatura descendió perceptiblemente, un escalofrío se extendió por todo mi cuerpo y el detestable olor ya conocido por nosotros se regó en la habitación como el pantano riega sus miasmas en la noche. Una especie de neblina cubrió a las hermanas, y Judith recibió un empujón que casi la arroja sobre Perdomo quien se hallaba próximo a ella. Adonis gritó:

—¡Está aquí, está aquí!

— ¡Ay, virgencita, protege a mi hermana! –imploró Judith.

—¿Quién, hijo? –pregunté automáticamente, pues la pregunta era innecesaria. No podía ser otro, el olor era inconfundible.

—¡Es el mismo ser que atacó a Judith!

Pero yo no lo escuchaba. Mi atención se había concentrado en Laura que parecía estar sufriendo los efectos de una asfixia, aunque su pasividad duró poco. Con un gesto brusco sus brazos se agitaron en el aire y su voz adquirió el tosco tono masculino de un charro mexicano:

—¡Orale, hijo de la chingada, si quieres pelear, pelea conmigo! ¡No molestarás más a mis hijas, no lo permitiré, Gaspar Pruna!

Laura acompañó el grito desafiante con una brusca incorporación sobre el sillón donde se hallaba reclinada. Sus manos parecían asidas a un intangible objeto que se mecía en el aire. Para mí, que no tenía la capacidad sensorial necesaria para ver sobre quién realizaba sus movimientos, aquello me daba la impresión de estar contemplando una impetuosa danza en un teatro de títeres. De pronto, su cuerpo fue arrojado con brusquedad contra la pared de mi consultorio donde colgaban cuadros alegóricos y fotos de graduaciones en mi escuela. El violento impacto provocó la caía de algunos de ellos y oí el ruido característico de cristales hechos añicos. Los acontecimientos que relato se desarrollaron con tal velocidad que tanto yo, como las otras personas que me auxiliaban en ese trance parecíamos paralizados por algo que todos considerábamos insólito. El primero en reaccionar fue Humberto, quien se abalanzó sobre Laura. Acto seguido, toda tensión desapareció del cuerpo de la muchacha y para evitar la caída de ella, Humberto tuvo que sujetarla.

Por una fracción minúscula de tiempo, el frío se hizo más intenso y después su intensidad descendió como una vela que cobra fuerza en el momento fugaz de extinguirse. El fétido olor reinante aminoró antes de desaparecer totalmente y la cargada atmósfera que nos sofocaba dio paso a una sensación de sosiego que me hizo respirar con tranquilidad. El nivel normal de iluminación se restauró y recorrí con la vista el pequeño escenario entorno a mí. La placidez que vi en los rostros me confirmó que todos compartíamos el mismo estado de ánimo.

—¡My God! –exclamó Adonis–. Es increíble lo que he visto hoy. ¿Lo viste José Antonio? Dos seres desencarnados luchando frente a nosotros.

—Teníamos que verlo para creerlo, Profe. Todavía no he asistido a una clase donde usted halla hablado de esa posibilidad que hoy se hizo real ante nuestros ojos.

—¿Ninguno de ustedes vio la forma corpórea de Pruna? –pregunté.

—Yo sí lo vi –respondió Humberto–. Por eso me lancé sobre Laura. Quería que el espíritu del padre de ella pasara a mí y luchar con ese viejo desgraciado.

— Yo también lo vi, papi, pero poseía una forma tan deforme y grotesca que el susto me paralizó. Cuando yo fui a actuar ya mi primo lo había neutralizado y lo vi salir de aquí maldiciendo a todos los que ayudamos a Laura.

Entretanto, Laura, aunque en apariencia sedada, mostraba aún en sus ojos los restos de la aprensión que debió experimentar durante los acontecimientos en los cuales actuó como protagonista. Recostada en el sillón donde Humberto la había colocado después de su desmadejamiento, parecía cuchichear con su hermana, mientras ésta acariciaba su cabellera con manos que temblaban.

—Ha sido una jornada tumultuosa, Laura. Pero no debes preocuparte demasiado. El balance general de todo lo ocurrido hasta aquí, salvo estas impotentes incursiones del ser oscuro de tu suegro, es positivo tanto para ti como para Judith. Ya hemos confirmado que efectivamente se trata de Pruna, así que enfrentarlo, si regresa, será más fácil. ¿Cómo te sientes?

—Sobre eso hablaba con mi hermana, profesor. Al principio sentí miedo, pero ya no lo tengo. Saber que nuestro padre estará siempre a nuestro lado nos produce mucha tranquilidad.

Capítulo VIII

La escéptica se lleva
la gran sorpresa de su vida

Al margen de que mi experiencia con infinidad de pacientes debía tenerme preparado contra el asombro, el caso de las hermanas Santander me mantuvo fascinado desde el inicio. El hecho de que Laura Santander reconociera a su hija de la vida anterior como su hermana actual, aunque incuestionable por el rigor con que se llevó a cabo la sesión, quizás pueda parecer raro y hasta increíble a personas no adentradas en las interioridades de los fenómenos paranormales.

He podido comprobar en numerosos trances hipnóticos que la persona en éxtasis se "fuga", por expresarlo de modo gráfico, hacia vidas pasadas donde determinados succsos acaecidos en ellas están ejerciendo su efecto en la vida presente.

Esos sucesos son casi siempre instantes traumáticos que han dejado huellas o recuerdos profundos sembrados en el subconsciente.

Cae más allá del espacio de toda duda que han existido y existen en la humanidad conocida, personas dotadas de aptitudes sensoriales especiales que les permiten la comunicación con seres que viven al otro lado de la frontera que los separa de nuestro mundo. Ese tipo de persona es conocido como Médium.

Sin embargo, durante la sesión de Laura, narrada en el capítulo anterior, estuvo presente una experiencia nueva para la paciente. En trance, para tratar de resolver un mal de origen emocional, entró en contacto con el espíritu de su padre quien le pidió perdón por todos los sufrimientos que les hizo pasar a ella y a su madre en una vida pasada, y en la presente. El hecho de que su padre saliera a defenderla desde ultratumba contra los malos designios del espíritu del su suegro tuvo gran significación para Laura y, además, un ulterior efecto positivo en el curso de su recuperación.

Situaciones parecidas se repitieron con frecuencia en mi escuela, ante la presencia de numerosos estudiantes que observaron cómo colegas suyos, de cursos avanzados, fueron proyectados hacia los planos donde dominan las tinieblas, estableciendo contactos con seres cargados de fuertes pasiones: odios, rencores y, sobre todo, confusión por su apego a lo terrenal.

Queda dicho en la introducción y repetimos aquí, que este libro persigue una finalidad didáctica, pero sin preceptivas (basado en ejemplos vivos), y está dirigido a aquellas personas que ignoran o a veces pretenden ignorar qué ocurrirá con ellas más allá de la muerte clínica y qué puede hacerse para evitar quedar prisioneros en ese mundo casi siempre tenebroso que les impide salir a la luz.

Y si es lamentable el caso de los ignorantes, más aún lo es el de los escépticos. Tuve varios pacientes que caían dentro de esta categoría y el caso que relato a continuación fue uno de los más señalados. Se trataba de una joven de nacionalidad Argentina que la llamaremos aquí Rachel Jiménez.

Algunas semanas después de haber concluido las sesiones con las hermanas Santander y con el fantasma de Gaspar Pruna rondando aún por la escuela y mi gabinete, ella se presentó en el recibidor.

María la atendió. Era estudiante en la Universidad de Miami y vino a verme a instancia de un compañero suyo de estudio, Rolando Saldívar, a la sazón alumno mío, quien le había hablado sobre mi escuela, y las interesantes sesiones que él había presenciado y en las cuales participaba de modo activo ocasionalmente. Ella no lo creyó y, según las palabras de Rolando, se expresó en términos despectivos sobre la hipnosis y la parapsicología.

Sí, mientras la atendía, la detestable fetidez a flores muertas indicativas de la presencia de Pruna comenzó a infiltrarse en mi cubículo. Sólo tenía una alternativa. Que, conforme a lo sucedido en las terapias de mis pacientes post hermanas Santander anteriores, las cosas no pasaran de los tímidos amagos por mostrar su presencia por medio de su olor característico e incluso su esfumación tan pronto se presentaban otros entes desencarnados sin vínculos con aquellas.

Ahora bien, que una persona cualquiera, incluso con nivel universitario, se expresara de forma peyorativa sobre esta ciencia, no nos asombra mucho a los que abrazamos esta profesión. Molesta, pero es comprensible si se tiene en cuenta que en una época, todavía no desaparecida del todo, estas disciplinas fueron utilizadas con afán de lucro por mistificadores y repudiadas por el poder eclesiástico de tiempos pasados que por temor a lo desconocido asociaban estas prácticas con hechicerías u ocultismo.

Según la información que pudimos recopilar, Rachel, casada y residente en Queens, Nueva York, había tenido una decepción amorosa (el esposo la había abandonado para irse con su mejor amiga) y esto provocó una crisis depresiva grave y un descenso en todos los valores sobre los cuales sustentaba su vida, hasta el punto de abandonar su religión para convertirse al protestantismo.

Los nuevos conceptos religiosos que profesaba Rachel y quizás hasta los viejos, vaya usted a saber, la predisponía a negar la autenticidad de los fenómenos metafísicos. No se trata aquí de polemizar con ideas de una u otra iglesia, sino de dejar sentada una verdad irrebatible: estos, para algunos controvertidos hechos, están presentes en la vida del hombre en la tierra, como el sol que le da calor y alumbra a ésta.

No obstante que Rolando en distintas ocasiones había invitado a su compañera de aula en la universidad a que superara sus prejuicios y asistiera a una sesión, ésta vino a decidirse después de ver un programa en la televisión que por entonces yo presentaba todos los domingos.

En el citado programa, utilizando la hipnosis, yo había hecho una regresión a una muchacha que la llevó a una vida pasada en China. El hecho provocó mucho revuelo entre los espectadores cuando la joven, sin saber una sola palabra manchú, habló largamente en lo que después se comprobó era esta lengua.

El día que Rachel me visitó, fingió una depresión, según sus palabras posteriores, para desnudar el fraude que supuestamente era la hipnosis para superar este tipo de comportamiento.

Deseo dejar constancia en este párrafo que, por supuesto, desconocíamos las interioridades sobre sus ideas. Pero había algo muy importante que ella misma desconocía. El tránsito de una iglesia a otra es probable que hubiera atenuado su crisis depresiva, pero atenuar, como hemos dicho antes, no es eliminar, y Rachel aún llevaba sembradas en su subconsciente las huellas dejadas por el shock traumático provocado por la traición de la amiga y el marido.

Amistades de ella residentes en Miami que la habían inducido al cambio de religión, la invitaron a venir a vivir con ellos durante un tiempo. Y su confesión de fe con la asistencia diaria a la nueva iglesia, obró milagros, según su modo de explicarlo: había podido reingresar en la universidad y ya era otra persona.

Ignorante yo de la información que acabamos de dar en los párrafos anteriores, la recibí un miércoles, día que María pudo encajarla en mi apretada agenda. Después de llenar el formulario con los datos preliminares que por normas registramos, María la hizo pasar.

Era una mujer alta, más bien desgarbada, aunque de rostro atractivo, que fijó en mí sus ojos azules un tanto altaneros. Su pelo rubio y lacio caía rebasando la altura de sus hombros y en sus labios finos aparecieron amagos de una sonrisa que yo atribuí a la cortesía.

—Tome asiento, Rachel –la invité.

—Gracias –respondió con acento grave, y comentó–: ¡Qué olor tan desagradable!

Le pedí excusas con un gesto, sin entrar en explicaciones y dediqué unos minutos a leer el formulario. Hablaba de depresión por problemas familiares y la forma en que esto estaba afectando sus progresos en los estudios.

—Siento curiosidad, ¿cómo supo de mí, Rachel?
—Usted es un hombre famoso en Miami –dijo.

Sonreí. Aquello satisfizo a mi ego y como yo ignoraba sus intenciones, no vi ironía en la respuesta.

—Pero mi sinceridad me obliga a decirle –agregó después de una pausa–, que uno de sus alumnos, Rolando Saldívar, compañero mío en la universidad, me ha hablado mucho y muy bien de sus habilidades. Aunque lo que finalmente me decidió fue su programa del domingo anterior en la televisión. Aquella joven ignorante hablando en chino, me hizo pensar que usted debe ser muy bueno en su profesión . . ., o un mago.

Debo confesar que esta vez no se me escapó el propósito irónico implícito en el tono y en las palabras.

—¿Es la primera vez que usted visita a un hipnoterapeuta, Rachel?
—Ciertamente, nunca antes tuve la necesidad.

Su respuesta fue seca y cortante, aunque embozada una sonrisa protocolar.

—¿Tiene noción de lo que es la hipnosis?
—He visto algunas películas –repuso sin abandonar el acento mordaz.
—Mi trabajo exige mucha confianza y sinceridad del paciente –dije con fría cortesía– y para orientarnos mejor necesitamos datos antecedentes de las personas a las cuales le aplicamos el tratamiento. ¿Sería usted tan amable y me respondiera las preguntas que voy a hacerle?
—Para eso estoy aquí, ¿no?

Su actitud de reto se acentuaba cada vez más, pero no le di mucha importancia. Le hice un interrogatorio que comprendía el calendario desde su niñez hasta la pubertad, el cual ella contestó con apacible y casi desdeñoso acento. Ya llevaba más de media hora con ella cuando la invité a que se sentara en el sillón reclinable.

—Por lo que acabas de contarme, deduzco que eres amante de la naturaleza. ¿En qué lugar te gustaría estar ahora?

—No tengo idea de en qué lugar me gustaría estar ahora, pero si usted me sugiere alguno . . .

—¿Te gustaría hallarte al pie de una montaña por donde desciende una cascada?

—Nunca he estado frente a una cascada, pero sé por referencia que son bellas. Las he visto en fotografías y una vez hice planes para visitar El Salto del Angel, en Venezuela.

Regulé la iluminación en el cuarto y comencé la inducción. Paulatinamente, la rigidez de sus músculos fue cediendo hasta que se tornaron flácidos

—Imagina que estás de pie, frente a una escalera.

Con voz casi imperceptible, dijo:

—Estoy frente a ella, es ancha y está muy iluminada.

La señal era muy positiva para el proceso terapéutico. Me indicaba que había descendido fácilmente de su frecuencia cerebral Beta, a la Alpha. Eso significaba que poseía buena capacidad para dirigir la orientación general de la realidad hacia la mente subconsciente, pero era necesario que alcanzara un nivel más profundo aún.

—Rachel, ahora haré un conteo regresivo del diez al uno y quiero que cada número que cuente signifique para ti un escalón que bajas en la escalera. ¡Diez . . . Nueve . . . Ocho . . .!

El conteo perseguía el propósito de acentuar su nivel de relajación física y mental. Cuando dije: "¡cinco! Comenzó a dar muestras del trance realizando con las manos los movimientos de quien desciende por una escalera. Sus pómulos rosados se tornaron suaves y el color se acercó al blanco.

—¿Cómo te sientes bajando esa escalera? ¿Cómoda o incómoda?
—Muy cómoda, es bella.

La voz resonó fuerte y con un tinte alegre. El laconismo me hizo pensar que todavía quedaba por ahí una ironía subyacente.

—Cuando alcances el final me avisas; debo orientarte lo que debes hacer para que llegues a la cascada.

—Ya llegué al final, profesor . . ., pero . . .

Tomé conciencia de que era la primera vez que me llamaba profesor y le pregunté:

—¿Qué ocurre?

—¡Esta no es la escalera por la que yo estaba descendiendo, es la de mi apartamento en Queens, cuando yo vivía en Nueva York!

Sonreí. El evento traumático que subyacía en su subconsciente había provocado una asociación que le hizo tomar la escalera imaginaria por donde descendía por la escalera real del lugar donde vivió.

—Esa escalera te regresó a una memoria en tu subconsciente, Rachel. ¿Quieres contarme qué está ocurriendo?

—Sí, voy para una entrevista de trabajo. Estoy muy nerviosa. Me arrepentí. Regreso para mi casa.

—¿Dónde estás ahora?

—Abro la puerta . . . ¡Oh, miserables! ¡En mi propia casa!

Sus manos se habían engarrotado y la contracción de los músculos faciales era de espanto.

—¿Qué te sucede? ¡Cuéntame!

—¡Están en la cama fornicando! ¿No lo ve, no lo ve? Mi mejor amiga con mi marido. ¡Oh Dios, cómo permites esto! ¿En quién creer, en quién creer? ¡Prostituta!

El shock emocional provocado por ese estímulo tan fuerte la sumergió en un estado cataléptico. Estaba reviviendo la tragedia que provocó su depresión en el pasado, en apariencia superada, pero en realidad una herida cerrada en falso dentro de su mente. Necesitaba una terapia de racionalización, desahogo y perdón que comencé a aplicar enseguida.

Cuando noté que su exaltación emocional se atenuaba, pregunté:

—¿Cómo te sientes ahora, después de enfrentarte a los hechos.

Suspiró.

—Sí, me siento más aliviada. Experimento por primera vez la sensación de haber arrojado el lastre que provocaba mis noches de zozobras.

No es raro encontrar casos similares a los de Rachel. Las personas no adentradas en estos conocimientos piensan que los comportamientos que un shock traumático desencadena en la conducta: el descontrol emocional, e incluso el desbalance químico, se pueden solucionar ignorándolos o recurriendo al arsenal de fármacos que abarrotan los estantes de las farmacias. Esto, a lo sumo, lo que hace es esconder la dolencia. Por esa razón, tan pronto ella entró en su archivo de recuerdos lo primero que encontró fue su memoria traumática. A la postre esto resultó beneficioso, porque las reacciones que le provocaron el enfrentamiento con esa experiencia negativa desahogaron su vaso emocional y fue fácil inducirla, por medio de la terapia del perdón, a que se perdonara a sí misma y a los que le habían causado tanto dolor con su ofensa.

Puesto que su estado de ánimo y sus respuestas eran coherentes con la continuación de la sesión, le pregunté:

—¿Entonces vamos de nuevo a la escalera que te llevará a la cascada?

—¿Otra vez?

—No te preocupes, esta vez no habrá desviación. La catarsis arrojó de tu subconsciente ese recuerdo negativo agazapado en él.

Su rostro se suavizó y el tinte rosado de los pómulos se volvió más notable.

—Estoy bajando. Veo una luz muy grande.

—Seguramente es tu luz interior.

—No, profesor, no es la mía; ésta es otra.

—Pregúntale quién es, y qué desea.

—Dice que hace muchos años que espera por este momento, pero que antes de decirme quién es debe mostrarme algo que me hará recordar y entender. Ahora me extiende la mano para que la acompañe. Me da un poco de miedo, ¿qué hago, profesor?

—No temas –la orienté–. He tenido varias experiencias como la tuya y siempre fueron positiva. Acompáñala.

—Tomé su mano —dijo—. ¡Trasmite tanta seguridad! Me lleva. Siento que estoy dando vueltas. Tengo náuseas.

—Tranquilízate. Pronto esos síntomas pasarán. Estas proyectando tu conciencia fuera del cuerpo y esa experiencia da sensación de vértigo. Respira profundo varias veces y retén la respiración por unos segundos; te sentirás más aliviada.

La tensión en sus músculos cedió y la coloración rosácea volvió a su rostro.

—La luz me lleva hacia arriba, alto, muy alto; vamos hacia el sur.

—¿Para dónde van?

—La luz dice que vamos al encuentro con mi pasado, profesor. Ahora estamos llegando a un pequeño pueblo en Argentina.

—¿Qué pueblo es?

—No sé, cerca hay una laguna. Estamos en una casa que me es familiar, pero nunca he estado aquí antes. Es una casa de madera muy grande y bonita, parece una construcción de estilo español.

—Rachel, mírate de los pies hacia arriba y dime si te pareces a como eres ahora.

—No, profesor. Soy una niña, tengo más o menos diez años. La luz que me trajo de la mano hasta este lugar es mi papá.

—¿Tu padre está muerto?

—Lo que estoy viendo no pertenece a esta vida, es de una vida pasada.

—Ya entiendo, ¿quién más está contigo?

—Sólo veo a mi papá.

—¿Por qué te llevó ahí?

—Ya le pregunté y me contestó que pronto lo sabré. Ahora, oscurece. Me veo durmiendo en una cama de esa casa. Los gritos de una mujer me despierta.

En ese momento me percaté que el olor que denunciaba la presencia del viejo Pruna, se había disipado. Sonreí y retorne mi atención a la muchacha:

—Rachel, quiero que cuando oigas mi voz me respondas, pero es importante que te dejes llevar por esa memoria y revivas todo lo que te quiera mostrar. Probablemente tenga mucho que ver con tu vida actual. ¿Quién es la mujer que grita?

—Es mi madre, me grita desesperada, me llama Carmen y quiere que vaya al cuarto de mi padre quien está muy enfermo. Llegué frente a la puerta, pero mi padre ya está muerto. Mi madre está sentada a su lado.

Entre los cerrados párpados de Rachel, las lágrimas afluían.

—¿Por qué lloras?

—Mi madre y yo lloramos, está muy triste. Dice que lo único que le queda en la vida soy yo. Ella quiere que regresemos para España, país de dónde ellos vinieron.

Su rostro comenzó a mudar hacia un estado de inquietud.

—¿Hay problemas?

—Sí; ya soy una mujer, tengo veinticuatro años y voy a dar a luz, pero me siento muy mal.

—¿Mal, de qué? ¿Qué te sientes?

—Presiento que voy a morir.

Sus facciones desencajaron, sus manos se aferraron a los brazos del sillón y comenzó a pujar como quien siente los dolores precursores del alumbramiento. Las contracciones eran arrítmicas y del rosado, su tez pasó a la oscura coloración cianótica.

—¡Sáqueme, sáqueme! –gritó.

Comprendí el motivo de su desesperación, pero terapéuticamente no era aconsejable satisfacer su deseo. Traté de calmarla hablándole en un tono que le trasmitiera confianza:

—Cálmate, Rachel. Tú estás reviviendo una memoria dolorosa que facilita un desahogo positivo de tu subconsciente.

—¡No puedo, no puedo, me estoy muriendo, profesor! ¿No lo ve? ¡Virgen Santa, me desmayo!

Después de ese grito, su cuerpo se desmadejó sobre el asiento y su cara adquirió un color blanco mate. Estaba somatizando la memoria del desmayo durante el parto. Toqué su frente con los dedos y le hablé en tono autoritario:

—Respira profundo y exhala con fuerza. ¡Ahora dime lo que está sucediendo!

Hubo una pausa de unos segundos y su cabeza se movió con lentitud a un lado y al otro.

—Ahora estoy dando a luz a una niña. Todo se torna negro y siento que me voy muy lejos.

—En este momento floto en el aire. Veo mi cuerpo abajo. Tratan de revivirme, pero no pueden, ya no estoy ahí. Oh, Dios, gracias, mi hija está bien; mi mamá la tiene en sus manos. Oh, Santísimo –dio un grito–. Ahora veo a mi padre, está a mi lado, vino a buscarme.

—¿Te vas con él?

—Le dije que me quedaría al lado de mi madre y mi hija hasta que ella sea grande.

—¿Tu padre está de acuerdo?

—Se ofreció para ayudarme siempre. Él tiene mucha luz. Sólo tengo que llamarlo cuando lo necesite.

—¿Te mantienes al lado de tu hija?

—Sí, mi madre la está cuidando.

Por sus mejillas rojizas comenzaron a correr lágrimas.

—¿A qué se debe tu llanto?

—Siento pena por mi madre. Llora mucho por las noches frente a un retrato mío que tiene sobre la mesita al lado de la cama. Le digo que no se preocupe por mí, que yo estoy bien, pero no me oye.

—¿Y a tu hija no le hablas?

—Sí, y he jugado con ella y ella conmigo. Ahora mi papá está a mi lado otra vez. Me lleva al día en que mi hija se casa. Una boda muy bonita, en el campo, en Sevilla. Mi hija está muy contenta, y ella y el novio se quieren mucho; gracias a Dios.

—¿Y tu mamá continúa a su lado?

—Si, nunca se aparta de ella. Pero ahora está muy enferma y en el gozo de su compañía se nota la tristeza, presiente próxima su ida. ¡Oh, profesor, qué veo! La que fue mi hija en esa vida, es mi madre hoy. ¿Cómo es posible?

—No hay nada imposible en lo que has visto. Estos enlaces continuos de seres reencarnando en la misma descendencia se presentan con mucha frecuencia en las regresiones.

—Sí, ahora comprendo muchas cosas que me sucedían para las que yo buscaba su explicación. Cuando niña le daba órdenes a mi mamá como si la madre fuera yo. ¡Siento tanta pena por ella! Esto explica mi temor a tener hijos.

—Por fin, la que fue tu madre en esa otra vida, ¿ya murió?

—Sí. Varios días después de la boda de mi hija, ella la llamó para revelarle un secreto, pero murió antes de que pudiera hablar. Muchas veces, en la actualidad, mi madre me ha hablado de ese momento de su vida y de las ocasionen en que ha soñado el instante cuando se le presenta mi abuela, desesperada por decirle algo.

—Eso significa que tu abuela está atrapada ahí. ¿No la ves?

—No, pero aquí está de nuevo la luz de quien fue mi padre en esa otra vida. Dice que viene a ayudarme. Me toma de la mano y me traslada a la casa donde vivimos en Argentina. Me muestra un pozo de brocal que tiene un nicho donde guardó monedas de oro antes de su muerte. Mi madre está a su lado y no quiere irse de allí hasta que yo recoja el dinero. Mi padre le dice que ya es hora de que ella descanse, que suba a la luz.

—Pienso que debes comunicarte con tu madre actual para que lo recoja, así tu abuela podrá liberarse y descansar.

—No, mi padre dice que debo ir yo misma.

Los últimos diálogos que sostuve con Rachel me causaron una ligera sorpresa. Había tanto aplomo y seguridad en ella cuando hablaba de la luz de su padre y parecía sentirse tan a gusto y satisfecha de sus contactos con él, que podía afirmarse que la suspicacia y recelo de los momentos iniciales de la sesión prolongada por tres horas, ya habían sido superados. La confirmación la tuve al sacarla del trance.

—Profesor –me dijo con una expresión en el rostro que insinuaba vergüenza–, debo pedirle disculpas. Mis intenciones al venir aquí fueron las de desenmascarar a un impostor. Yo nunca pensé que las cosas que experimenté y vi pudieran lograrse mediante un trance hipnótico. Me burlaba de Rolando cuando me hablaba con tanta pasión sobre las asombrosas sesiones que tenían lugar aquí. Acepte mis excusas, se las doy con sinceridad.

Su confesión fue muy halagadora, pero no nueva para mí. Aunque no con el grado de punzante ironía mostrado por ella, yo había tenido pacientes un tanto incrédulos que entraban a mi despacho con las dudas estampadas en el rostro y salían después dando muestras de agradecimiento por el cambio que había introducido en sus vidas el tratamiento hipnoterapéutico aplicado a ellos. Y una de las tantas razones que me impulsaron a dar a conocer estos hechos es las potencialidades que subyacen en sus mentes. En ellas radican fuerzas capaces de ponernos en contacto con ese mundo coexistente con el nuestro donde seres queridos moran, unas veces felices porque se han abierto a la luz y otras prisioneros en nuestro entorno buscando soluciones a problemas que dejaron pendientes antes de morir.

Estos seres, por lo regular, están buscando nuestros contactos: a veces nos rozan, soñamos con ellos (o con símbolos vinculados a ellos que somos incapaces de descifrar) y rehuimos ese contacto por miedo, por ignorancia, por recelos o prejuicios religiosos. Pero nada de eso impide que ellos estén ahí. Me lo han confirmado cientos de trances realizados en mi consultorio.

Debo confesar, finalmente, que después de esa única sesión Rachel no volvió nunca más a mi oficina. Supe de ella por Rolando Saldívar y según su testimonio, Rachel se expresaba en términos muy elogiosos sobre mi profesión. Al terminar ese curso en la universidad, ni Rolando ni nosotros supimos nada de ella y aunque no dijo hacia dónde había ido, siempre preferí creer que regresó a su pueblo, en Argentina, para recoger el tesoro y liberar de su cautiverio a la que fue su madre en la otra vida.

¿Y Pruna? Retrocedamos dos semanas, cuando aún no habíamos concluido con las hermanas Santander y el se hallaba en el apogeo de su sedienta venganza desde ultratumba.

CAPÍTULO IX

EL ESPÍRITU DE PRUNA
SE APODERA DEL CONSULTORIO

En el capítulo VIII, rompiendo la cronología, nosotros hemos relatado un caso muy interesante de una persona incrédula acerca de las capacidades que todos poseemos para hallar en las regiones profundas de la mente los rastros de nuestras vidas pasadas y de cómo ella misma se convenció, al salir del trance hipnótico, de cuán grande era su equivocación.

Naturalmente, si bien es un caso notorio, no es ni con mucho el único que se me ha presentado. Y es muy probable que, pese a todo lo que hemos dicho hasta aquí, otras vendrán con intenciones iniciales similares a las de Rachel. Cuando lleguen, serán bienvenidas y para nosotros una experiencia más.

Pero retornemos al caso de las hermanas Santander, que sirve de hilo narrativo central a nuestro relato aleccionador sobre la, a veces, controvertida ciencia de la parapsicología.

En la última sesión que dedicamos a Judith, vimos como ésta, a quién yo le pedía ir a una playa, constató una memoria vinculada al mar y se vio en un barco viajando hacia México cuando tenía quince años. Este tipo de deslizamiento hacia momentos registrados en el subconsciente como muy significativos o que han dejado un rastro muy fuerte en él, son frecuentes bajo los efectos de la hipnosis profunda debido a que el inconsciente, que gobierna nuestros actos, entiende que en ese suceso se registra algún aspecto importante que enlaza con nuestra vida actual. En ese instante, Judith, como se recordará, realizó una regresión al momento más preponderante de los recuerdos cifrado en su memoria y su excitación incontrolada provocó una transferencia histérica originando el caótico desorden que se presentó en mi gabinete con la intromisión del espíritu de quien en otra vida fue el conde Lavigne.

Conforme a un método que adopté desde mis inicios en la profesión, consistente en análisis colectivos acerca de los progresos que iban logrando mis pacientes, el siguiente lunes antes de comenzar la sesión con Laura, tuve una reunión con el grupo que me estaba sirviendo de apoyo: María, Adonis, Humberto, Perdomo y José Antonio. Después del comentario obligado y algunos chistes reticentes acerca de la última amenaza del espíritu de Pruna, todos concordamos en que las catarsis provocadas en las pacientes en sesiones anteriores, estaban ejerciendo un efecto muy positivo y el criterio general era que nos estábamos acercando al momento clímax del tratamiento que les impartíamos.

Judith misma confirmó todo lo anterior cuando nos llamó a la oficina para rogarnos que le adelantáramos la cita prevista para la semana entrante, ya que dos días después de la sesión de Laura, había tenido unas extrañas pesadillas vinculadas a los eventos que confrontó en la última sesión. Según María, que recibió su petición por teléfono, sus palabras más bien se hallaban impregnadas de moderado entusiasmo.

Esto vino a confirmar que el inconsciente de ella quería revelar cuán enlazados estaban esos eventos con sus dolencias actuales y me di cuenta de lo provechoso que podría resultar inducirle una nueva regresión al punto donde, por las razones expuestas arriba, tuvimos que terminar la sesión anterior.

Pero eran demasiados los compromisos que teníamos por entonces y no podía permitirme, sin caer en la irresponsabilidad, suspender citas previamente concertadas con pacientes que, además de enfermos, también tenían sus derechos.

María, que se había convertido en una especie de defensora a ultranza de las hermanas y al mismo tiempo era quien llevaba el control de citas, me pidió un voto de confianza para buscar el modo de encajar a Judith un día de esa semana. Y, efectivamente, no supe cómo, pero logró un espacio al terminar las sesiones del miércoles.

Lo anterior me planteaba un dilema que finalmente vino a tener seria repercusión en la sesión que efectuamos, como se verá enseguida. Y ello se debió a que sólo pude contar con Humberto, que no trabajaba ese día. Los otros: Adonis, José Antonio y Perdomo, tenían ocupadas hasta las horas de la noche y se excusaron por no poder participar. A Laura también le ocurrió lo mismo y pese a sus deseos no pudo abandonar a la anciana que cuidaba.

Lo de Laura no constituía un problema; antes bien, resultaba beneficioso, como ya sabemos. Pero era riesgoso tener que depender sólo de Humberto como apoyo en una sesión donde yo anticipaba que podrían irrumpir seres de las regiones astrales bajas imbricados con las hermanas desde cientos de años atrás, como ya nos había ocurrido en las sesiones anteriores. Pero decidí efectuarla confiado en que no tendríamos una nueva intromisión violenta de Pruna quien había abandonado mi consultorio de forma súbita cuando el padre de Laura lo increpó: "¡No molestarás más a mis hijas, no lo permitiré, fuera!".

Acepté los argumentos de María y aprobé la cita; más me hubiera valido no hacerlo.

El día citado, concluí las clases que les impartía a unos amigos venezolanos que habían matriculado en la escuela tres meses atrás y, por razones de trabajo, a veces solicitaban intensivos que yo satisfacía en las medidas de mis posibilidades. Eran las seis de la tarde cuando llegó Humberto. Ya Judith esperaba desde media hora antes. Presentaba un aspecto sereno y la mirada tranquila. Penetramos en mi cubículo y la senté en el sillón reclinable. Puesto que sólo éramos tres, situé a María y a Humberto del modo más conveniente para prestarle ayuda a Judith en el caso probable de que el espíritu del difunto suegro de su hermana volviera a presentarse con esa furia "ciega" de la cual venía dando muestras en las pesadillas de ellas y en las terapias precedentes que les habíamos aplicado.

Después de reclinar el sillón, bajé el nivel de la iluminación y comencé a inducirla. Por medio de la imaginación, su mente consciente descendió la escalera conducente al riachuelo que en la sesión anterior ella escogió visitar en el subconsciente.

Cuando en su rostro apareció la señal de que había alcanzado la capacidad de percibir con sus cincos sentidos percepciones de la proximidad del riachuelo, me di cuenta que su conciencia estaba lo suficientemente profunda como para comenzar el proceso de regresión que la llevaría a encontrar el porqué de las pesadillas que habían perturbado sus noches. Me sentí tranquilo. En sus facciones exhibía una beatífica serenidad. Observé a Humberto: su trance era abismal y sosegado, como solía lograr con las magníficas dotes extrasensoriales que poseía. María, una colaboradora invaluable por sus conocimientos sobre la materia, hizo un gesto de aprobación al otro lado del sillón. En apariencia, todas las condiciones para proseguir estaban dadas. Le pregunté a Judith:

—¿Cómo te sientes en ese lugar, cómoda o incómoda?

—Muy bien, profesor –repuso muy apacible.

—Me alegra oírtelo decir, Judith. Presta atención. Tocaré tu frente entre las dos cejas e imagina que yaces en tu cama, dormida, el día que tú tuviste la primera pesadilla relacionada con las cosas que viste en la última sesión. Cuando ya hayas alcanzado ese estado, me lo haces saber.

Toqué su frente y, unos minutos después, la respiración de Judith se volvió entrecortada. Hubo fuertes contracciones en sus músculos faciales y una rigidez casi cataléptica del cuerpo. Parecía forcejear con otra persona, pero no decía una palabra, aunque un hilillo espumoso se escapó entre las comisuras de sus labios. Supuse que estaba reviviendo la pesadilla y le pregunté:

—¿Qué ocurre, Judith, regresaste a la pesadilla?

No contestó La rigidez del cuerpo y las contracciones del rostro cobraron vigor. Repetí la pregunta con tono más fuerte:

—¿Estas reviviendo la pesadilla, Judith?
—¡Mátalo, mátalo! –gritó con acentuada rabia.

Era obvio que la fuerza emocional de ese sueño la había sumergido en unas escenas de violencia y sus tronantes y rabiosas palabras denunciaban que no era nada bueno. Repetí mi pregunta, pero se hallaba tan absorta que no oyó; eso tampoco era bueno. Por razones técnicas y también de seguridad para el paciente, yo estaba obligado a mantener el control del evento. Tomé sus brazos los sacudí varias veces y, acto seguido, le hablé con tono autoritario:

—¡Judith, aspira con fuerza y escucha mi voz! ¿Qué has visto que te pone violenta? ¡Dímelo ahora!

Respiró profundo dos veces y sus contracciones cedieron. Entre sus párpados aparecieron lágrimas.

—Lo matamos, lo matamos –tartamudeó y el llanto se hizo ruidoso.
—¿A quién mataron?
—A él, a mi marido. Me sorprendió haciendo el amor con Miguel.

Era la primera vez que salía a relucir ese nombre en nuestras sesiones. Me intrigó.

—¿Quién es Miguel, tu amante?
—Sí, creo que sí. –su expresión era la de una persona desorientada. Casi enseguida frunció el seño y, abandonando la posición supina que ocupaba, se incorporó un tanto en el sillón–: Ahora estoy sentada en la cama; es de madrugada.
—Pensé que tú estabas reviviendo un evento real, Judith. Pero por lo último que me dices, se trata de un sueño, ¿es así?
—No sé, estoy sentada en la cama –repitió–. Las imágenes eran muy borrosas. Me hallaba en un establo o algo parecido, habían caballos. Un joven me besaba . . . Miguel . . ., sí, sí, se llama Miguel. Entonces llegó mi marido, Miguel sacó el cuchillo y titubeaba. Yo le grité: ¡Mátalo, mátalo!" Y Miguel le hundió el cuchillo en el pecho.

—¿Ésa era la pesadilla que has tenido en los últimos días, Judith?

—No, no tiene nada que ver.

—Si no tiene nada que ver, ¿en qué consistían esos sueños, entonces?

—Muy confuso, profesor, muy confuso. Recuerdo que tenía puesto un vestido de novia, pero yo estaba muy triste porque no me quería casar.

No encontré coherencia en lo que me explicaba. Razoné que al yo inducirla a que yaciera en una cama para que ella reviviera sus últimas pesadillas se produjo una constatación que la llevó a otro evento vinculado también con una cama. Evidentemente un momento significativo de otra vida en la que su amante cometió un asesinato. Le dije:

—Trata de recordar algo más.

—Sí, al lado mío, en el sueño, se hallaba mi papá en esa vida y tuve un sentimiento muy fuerte de que esa memoria tiene que ver con los problemas actuales de mi hermana y mío.

Por lo que acababa de decirme, consideré necesario que regresara al momento en que comenzó a tener el sueño donde Miguel comete el violento asesinato.

—Judith, pondré mis dedos en tu frente y cuando oiga ¡tres! Regresa a la primera vez que tú tuviste el sueño, que acabas de revivir. ¡Uno, dos, tres!

Transcurrieron algunos segundos y su rostro pasó de una expresión apacible a la del disgusto.

—Es el día de mi boda –anunció.

—¿Por qué esa cara? –pregunté–. Una boda es un acontecimiento alegre.

Tuvo un estremecimiento e hizo los gestos de quien se persigna.

—Judith, colocaré de nuevo mis dedos sobre tu frente y haré un conteo regresivo del cinco al uno. Cuando escuches "uno" quiero que regreses a ese sueño que tú acabas de revivir: Cinco . . ., cuatro . . ., tres . . ., dos . . ., ¡uno!

En un lapso corto de tiempo, su rostro mutó a un estado de pesadumbre. Después, poco a poco, comenzó a gesticular como quien realiza un lavado de su cuerpo, mientras ruidosos de sollozos escapaban de entre sus labios.

Me resultó evidente que había regresado a una memoria de dolor. Pero, ¿se trataba de una pesadilla o de un evento real?

—Judith, ¿dónde estás y qué es lo que ves en este momento?

Sin dejar de sollozar, me respondió:

—Estoy en el riachuelo que corre detrás de mi casa. Pienso, y estoy llorando. El agua es limpia y me la echo sobre el cuerpo para limpiarme.
—¿Limpiarte? ¿Por qué? ¿Por qué estás sucia?
—Siento asco, ese hombre tiene un olor muy desagradable.

Todo era muy confuso, necesitaba que precisara a quién hacía referencia:

—¿Estás en un sueño o en un evento real?
—Cuando usted me pidió que regresara a la memoria donde Miguel había matado al coronel, quiero decir . . ., mi marido; no sé, volví a la época en que el viejo Pruna me violó.
—¿Y qué relación tiene ese coronel del imperio de Maximiliano en México con Pruna?—No sé. Espere, espere un momento. Estoy viendo otra cosa. Cuando Pruna me violó sólo sentí asco y deseos de venganza, pero fui cobarde. Tenía miedo de que mis padres se enteraran y me refugié en el cuarto a llorar de rabia.

La constatación se me hizo explicable: de una venganza que seguramente fue la razón del asesinato del coronel del imperio, pasó a la reprimida venganza con Pruna. Lo que explicó acto seguido no sólo confirmó esto, sino que echó más claridad a los enredos karmáticos que los traía enlazados desde tiempos remotos.

—¿Y ahora qué ves?

—Estoy soñando con lo mismo de hace un momento. Ahora estoy despierta y sentada sobre la cama. Es la boda con ese hombre a quien detesto y con quien mi padre me obliga a casarme. Dice que es por mi bien, que el coronel será pronto un hombre muy influyente en la corte del emperador austriaco.

—¿Te refieres a Maximiliano?

—Sí.

—Entonces, ¿tú revives una memoria de la época del imperio en México?

—Sí, pero yo odio a ese hombre; es malo. ¡Oh, Dios, sus ojos son los mismos del viejo Pruna y del conde.

De momento me dejó intrigado.

—¿Qué conde?

—¡El señor Lavigne, el que mandó a quemarme!

Intuí que la madeja que traía enredada a las hermanas Santander con esos seres dañinos desde tiempos lejanos y provocaban sus pesadillas, se estaba desenredando. También saltaba a la vista, bien analizadas las informaciones aportadas por los distintos eventos puestos al desnudo durante los diferentes trances, que todos venían arrastrando de una encarnación a otra deseos de venganzas insatisfechas.

—Ahora comprendo tu ansiedad, Judith, por acelerar la sesión. Creo que tu ser interno requiere de ti, y sin duda el de tu hermana Laura, que perdonen. Es hora de que pongan fin a esa pasión destructora en que uno es verdugo del otro por los errores cometidos, y se perdonen entre sí. El manto del perdón debe cubrirlos a todos para que retorne la armonía entre los vivos y los muertos. Todos los necesitan.

—Por mí y por mi hermana, no hay problema, profesor. Nosotras queremos olvidar. Y que se acaben estas pesadillas. Nosotras perdonamos y queremos que nos perdonen.

—Bien, si es tu deseo, vamos a regresar a ese riachuelo y buscar el contacto con el señor Pruna.

—¡Profesor, algo pasa aquí! –gritó.

Y sí. Evidentemente pasaba algo. Las luces comenzaron a parpadear. El vaso de agua y un frasco de alcohol que se hallaban sobre la mesita, rodaron sin causa física aparente que lo justificara. María lanzó un grito:

—¡Juan, ¿qué pasa?!

—¡Es él, está aquí! –denunció Humberto con voz enérgica–. Nos mira y se ríe.

—¿Él, él quién, Humberto? ¿Pruna? –pregunté con un tono imperativo.

En ese momento sentí un brusco estremecimiento y una corriente fría como hielo recorrió mi cuerpo desde los pies a la cabeza.

—¡Es Pruna, es Pruna! –exclamó Judith, con voz de espanto–. ¡Papá, papá, ayúdeme!

En el leve transcurso de un segundo el insoportable olor a Pruna saturó mi gabinete y comprendí que mi falta de previsión había creado una situación potencialmente peligrosa por lo limitado del personal que debía hacerle frente. La primera idea que cruzó por mi mente fue cancelar el evento e iba a proceder en consecuencia cuando sentí, sin localizar la procedencia, el impacto de un violento empujón que, literalmente, me lanzó contra la pared. Haciendo esfuerzos por incorporarme percibí una difusa niebla grisácea que sólo me permitía una visión muy parcial y deformada de los objetos que me rodeaban. Por suerte, mi oído en nada había sido afectado. Los desesperados gritos de María, mezclado al clamor de Judith por su padre, resonaban en mi tímpano con la fuerza de una campana de iglesia en domingo. Entonces, sobre esas voces se alzó la de Humberto: ¡Ah, carajo, qué le pasa a éste!". Y con el grito la niebla se disipó como por arte de magia y en el angosto panorama frente a mí, lo capté todo de una rápida ojeada: María, semiparalizada, miraba con ojos de pavor a Humberto que forcejeaba, en apariencia, consigo mismo. Enseguida comprendí de qué se trataba. "¡Te dije que te alejaras de mis hijas, Gaspar Pruna, viejo apestoso, hijo de la chingada!" El espíritu del padre de Judith, posesionado del cuerpo de Humberto, luchaba con Pruna ante los ojos aterrorizados de su hija a quien los estrépitos dentro del saloncito parecían haberla sacado del trance. Terminaba de incorporarme cuando percibí que la caldeada atmósfera del cuarto experimentó un súbito debilitamiento y el olor se evaporó como aisladas gotas de agua sobre la arena en el desierto. La certidumbre de que Pruna se retiraba la adquirí de inmediato "¡No amenaces, Pruna, ya te conocemos!". Pero ahora era Humberto quien hablaba. Una vez de vuelta a su estado consciente, le pregunté:

—¿Qué ocurrió, Humberto?

—Ese hijo de . . . ese Pruna, nos amenaza, primo. A ti y a mí, a todos los que estamos ayudando a estas muchachas.

Moví la cabeza, inquieto, y me volví hacia Judith.

—¿Cómo te sientes?

—Papá está a mi lado –contestó con voz reposada.

En esa respuesta parecía estar implícita una sensación de seguridad que me satisfizo. Después de todo, el saldo de aquella barahúnda había sido positivo.

Suspiré. Le apliqué una técnica de emersión para ponerle fin a la sesión y de la expresión de candor que afloró a su rostro deduje que Judith había superado sus grandes problemas emocionales y psíquicos. Sus palabras finales vinieron a confirmar mi presunción:

—Profesor, debo confesarle que siento dentro de mí una sensación tan grande de que desaparecieron mis males, que si no estoy curada no hay nada más parecido.

—Me alegra oírte decir esas palabras, Judith, porque en ellas veo la confirmación de que el curso progresivo del tratamiento que nosotros te hemos estado aplicando hasta aquí, ha sido el correcto.

En el trayecto de nuestro silencioso regreso en el auto a casa, María no había alcanzado el sosiego natural en ella y yo, presa de una inquietud que en vano pretendía sofocar, no lograba sacar de mi cabeza las últimas amenazas de Pruna contra mí y el grupo de jóvenes que me prestaban ayuda. ¿Eran vanas aquellas amenazas? No. Pruna no jugaba. Su secular furia vengativa se había volcado de lleno contra mi equipo como veremos en los capítulos subsiguientes.

Capítulo X

Alarmante comportamiento del espíritu de Pruna

Las amenazas de un ser oscuro que no desea buscar la luz, no son asuntos para desdeñar. Había quedado bien atrás la época de la incredulidad motivada por la ignorancia y la rigidez de mi formación religiosa, cuando aún era un joven. Mis años de estudio y la experiencia que había adquirido en mis investigaciones sobre los fenómenos paranormales me habían enseñado que un ser de otra dimensión distinta a la nuestra posee múltiples recursos para causar grave trastornos en nuestras vidas.

Si retrocedemos un poco, hasta al capítulo III, recordaremos que en la sesión a la señora Melba, vidente y médium de capacidades sensoriales extraordinarias, vaticinó que me vería envuelto en algo muy terrible a causa de la presencia en mi oficina de un ser vinculado a una de mis pacientes (todos entendimos las hermanas Santander por la forma de insinuarlo) Por ello, se comprenderá que yo me hallaba avisado acerca de que algo similar a la irrupción de Pruna en las sesiones de Judith y en la de Laura iba a suceder.

No estar preparado en la última con las fuerzas necesarias, por las ausencias de Adonis, José Antonio y Perdomo, que me permitieran manejar el evento de un modo distinto, fue una falta de previsión que causó daños y disturbios en las siguientes sesiones que nada tenían que ver con las hermanas Santander.

Por los días en que el espíritu de Pruna comenzó a materializar sus amenazas contra mí, visitó por primera vez mi consultorio la señora Miriam Blanco, mujer del tipo agraciado por la naturaleza que, aún en sus cuarenta cumplidos, cualquiera hubiera podido confundirla con una de esas modelos que parecen haber salido de un molde para lograr perfección estética. El tipo que estamos acostumbrados a ver en la televisión y en el cine.

Dotada de una piel nívea y con curvas pronunciadas allí donde todas las mujeres llevan simplemente curvas, era más alta que mediana y su pelo negro ondulado descendía más allá de sus hombros, hasta alcanzar la cintura.

Cuando se presentó en la escuela, escoltada por uno de mis alumnos, Tito Lafuente, causó bastante revuelo entre sus compañeros de clase y alguna envidia (presento excusas si me equivoco), entre las mujeres.

Aparte de los atributos señalados, la señora Blanco poseía, en mi criterio, otro de más elevado valor: era una vidente. Había venido a mi escuela por la doble razón de su amistad con Tito y los elogios de éste acerca de las clases que yo impartía y, por otra parte, por el interés que despertó en ella lo observado en una cinta de video filmada en el aula que tito le había mostrado. Cuando habló, su voz venía impregnada del inconfundible gracejo cubano.

El método didáctico seguido por mí en mis clases era muy convencional: una combinación de teoría y práctica. Las primeras horas las dedicábamos a la teoría tomada de los conocimientos acumulados hasta el presente por diversas fuentes y autores, y a esto seguía la práctica con un alumno (a veces, más) que tuviera desarrollada en mayor grado las capacidades extras- sensoriales sobre el tema tratado.

Generalmente, aunque no siempre, las personas interesadas en tomar clases sobre parapsicología e hipnoterapia han tenido experiencias de este orden que las compulsan a interesarse por conocer a qué se deben los fenómenos observados o sentidos por ellos. La señora Blanco no era la excepción.

Con fuerte formación científica (era profesora de matemáticas en una escuela secundaria), se paró en el estrado para explicar con cuáles experiencias de categoría parapsicológica había estado en contacto. Esto último obedecía a una especie de regla no escrita de la escuela en la que cada alumno iniciado exponía ante los demás sus vivencias con estos hechos. La información nos servía, también, para clasificarla como médium, vidente, telépata, etc., o una combinación de estas capacidades, como ocurre con frecuencia.

Con una dicción muy clara y expresándose en términos casi académicos, explicó que vivía fascinada y también un poco sobrecogida porque veía con frecuencia a su lado a un hombre de la raza negra entrado en años, de barba blanca. Esto, según aclaró, al principio le producía miedo; pero después acabó por aceptarlo como algo natural ya que la persona siempre daba muestra de ayudarla cuando tenía problemas personales que la perturbaban y en distintas ocasiones la había alertado para que tomara medidas sobre hechos que posteriormente sucedieron y para los cuales, gracias al aviso, ella se hallaba preparada.

Por razones profesionales, según confesó (yo lo llamaría prejuicios), había mantenido en secreto sus experiencias y ahora, motivada por lo observado en las cintas de video y el entusiasmo conque Tito le hablaba de mis clases, se había interesado en saber sobre el tema. Algo para asombrarse: la señora Miriam Blanco estaba utilizando un nombre supuesto porque no deseaba que en la escuela donde era profesora se le tildara de supersticiosa o poco científica. Esta última confesión me provocó una sonrisa de comprensión. En los albores del siglo XXI, una persona con niveles de instrucción elevados y quien seguramente no debía ignorar que la parapsicología, si bien no exacta como las matemáticas, era tan ciencia como ésta última, mantenía prejuicios aun cuando las verdades clamaban frente a sus ojos: veía y era aconsejada por un ser de un mundo distinto al nuestro y, felizmente para ella, buenos consejos. Pese a todo, se expresó en términos tajantes cuando dijo:

—¡Profesor, quiero saber, hipnotíseme!

Deduje por su expresión que se trataba de un deseo sincero de conocer quién era y por qué tenía siempre a su lado a una persona de color negro, en apariencia de ningún modo vinculada a ella por razón de raza.

Pero, al margen de sus antecedentes, que juzgué positivos ya que poseía capacidades de ver más allá de nuestra dimensión, respondí en términos más bien conservadores:

—Entrar en el subconsciente, señora Blanco, bajo el trance hipnótico, depende de que su yo interno, lo que en término científicos llamamos el inconsciente, lo permita. Para usar una frase en cierta medida gastada, pero muy descriptiva: "Él tiene la llave de entrada".

Reaccionó un tanto airada:

—Entonces todo eso que he visto en los videos . . ., lo que con tanta pasión me ha contado Tito, es . . .

Siendo como era una intelectual, me resultó fácil rellenar los espacios de las palabras no expresadas: "pura filfa", para no emplear una frase obscena.

Naturalmente, no me inmuté. Ya se había inscripto como alumna y como tal merecía mi respeto. Después de todo, enseñar significa sacar a las personas de la ignorancia acerca de algo. Esa era su función como profesora de matemática y a mí me tocaba hacer lo mismo con ella en lo que concernía a la parapsicología.

Me hallaba reflexionado acerca de cómo darle continuidad a nuestro diálogo, con firmeza, pero sin herirla, cuando se me acercó uno de mis alumnos bien aventajado y con amplia capacidad de videncia: Alan Izquierdo. En voz baja me dijo que en ese momento el ser al cual la señora Blanco hacía referencia se hallaba al lado de ella. Entonces aproveché la ocasión para darle una lección antes de inducirla al trance:

—Alan –dije–, por favor, descríbenos en detalles a la entidad que está en este momento al lado de la señora Blanco.

—Ciertamente, profesor, como ella dice es un anciano de aspecto bondadoso, de bigote y barba blanca, algo encorvado, que viste unas ropas raídas parecidas a una casaca militar. La marca de una gran herida de arma blanca baja desde su sien izquierda hasta el maxilar. La observa a ella con una expresión que muestra cariño y bondad.

Mantuve mi vista fija en la señora Blanco. A medida que Alan iba entrando en detalles reveladores del aspecto y la fisonomía del ser que la acompañaba, asentía con la cabeza y sus ojos no estaban exentos de asombro. Finalmente admitió:

—Es cierto, es cierto; les pido disculpa a todos por mis momentos de dudas. Profesor, estoy en sus manos.

No me quedó ninguna duda de que sus excusas eran sinceras y le hice una señal con la mano.

—¿Tiene la bondad de sentarse en el sillón, Miriam?

Ella, entre asombrada y temerosa, ocupó el sillón usualmente destinado a las clases demostrativas.

—Todo estará bien, no se preocupe –dije para calmarla, mientras colocaba sobre ella la manta.

A una señal mía, José Antonio corrió todas las cortinas y sólo quedó en el aula la atenuada luz de alógeno que yo controlé. La induje y su cuerpo entró suavemente en una total relajación. Le sugerí que imaginara la escalera que la condujera al lugar que previamente habíamos escogido. Al lograrlo, se movió en el asiento hacia delante e hizo un gesto de saludo a alguien frente a ella.

—Profesor –me dijo–, Jacinto le manda saludos y le agradece lo que hace por mí. Le recomienda que se cuide porque tiene aquí enemigos de las tinieblas que vienen con intenciones de hacerle daño.

Aunque intuí enseguida a quién se refería, pregunté:

—¿Jacinto? ¿Quién es Jacinto?

—El señor que siempre está a mi lado.

—Dale saludos de mi parte a Jacinto, Miriam, y, por favor, pregúntale a qué enemigo se refiere. Yo ignoraba que tuviera enemigos en las tinieblas.

En ese momento Alan Izquierdo se me acercó. Y pidió permiso para decir algo. Con un ademán lo insté a que hablara.

—Es cierto. Están aquí. Siento las vibraciones de esos seres oscuros detrás de usted y debo confesarle que es la primera vez que percibo este tipo de sensaciones desde que participo en sus clases.

A las palabras de Alan siguieron las de otros alumnos que sentían estímulos similares.

—Miriam, te felicito por esas capacidades que posees y te ruego que le des a Jacinto las gracias por su aviso. Ahora sé a qué enemigo se refiere. Y declaro aquí para que todos los sepan, que pronto ese ser y los que le acompañan se hallarán en el lugar que les corresponde.

Todavía no se había disipado en el aire mi última palabra cuando la luz comenzó un intenso parpadeo y en el aula se esparció la señal maloliente de Pruna. Miriam tosió varias veces e hizo un ademán de levantarse. Luego su voz adquirió un acentuado matiz masculino.

—¡Con esa no, carajo, esa e' mi yija, hay que repetala! –la voz se tornó más ronca y profunda–. A ésa naiden la toca, ¡Jum, carajo, atrá, atrá! Yo e'toy aquí pa' protejé a mi niña.

Ante este grito de Jacinto, algunos alumnos de reciente ingreso a quienes yo había observado muy inquietos y expectantes, abandonaron sus asientos y se dirigieron apresuradamente hacia la salida con cara de espanto. En medio del barullo de algunas exclamaciones estentóreas y de sillas que se deslizaban produciendo un ruido infernal, vi avanzar hacia mí a José Antonio y a Alan Izquierdo, mientras este último me advertía: "¡Cuidado, profesor, cuidado!" y sobre mí se abatió en ese momento una niebla fría que me anuló la visión. Desorientado por sus efectos, sentí el abrazo de una persona. Todo se despejó y ante mis ojos vi el cuerpo rígido de Alan avanzar hacia Miriam que había abandonado el sillón e iba a su encuentro como quien blande un machete en ristre: "¡Ah, carajo, e'te gallito bu'ca pelea, yo va a traé aquí a mi gangá brava, cará" Pero Pruna y sus acompañantes, al parecer, rehuyeron enfrentarse a Jacinto y las huestes que éste amenazó invocar y, con la misma prontitud con que hizo su irrupción desapareció. El olor escatológico que denunciaba su presencia se atenuó, luego desapareció por completo. Alan anunció:

—Ya se fue, ya no siento sus vibraciones.

—Si, es verdad –confirmó José Antonio, mientras posaba en mí una mirada de preocupación–. ¿Cómo se siente profe?

—Estoy bien, José Antonio, gracias. Ya sé a qué atenerme. Como te habrás dado cuenta, ya las hermanas Santander han dejado de ser el blanco principal del espíritu de Pruna, ahora somos nosotros.

—Por lo que he aprendido de usted, profe, creo conocer sus motivos. Él se está dando cuenta que ya esas muchachas a las que persigue tienen a su alrededor fuerzas que las protegen y vuelca su odio sobre los que han movilizado esas fuerzas.

—Buen razonamiento, José Antonio

Observé a Miriam. Su rostro había recobrado la normalidad después de la deformación que adquirió cuando Jacinto tomó posesión de ella para protegerla del espíritu de Pruna.

El acontecimiento fue algo realmente inusual en la clase. La persona que cuidaba de Miriam era un esclavo o descendiente de esclavos, conclusión a la que llegué por su forma de expresarse y la descripción que de él había hecho Alan. De cualquier manera, su forma de hablar ya había desaparecido en la sociedad actual cubana. "Yija" y "protejé" no eran ciertamente palabras del habla actual de ninguna persona en la Cuba que yo conocía. Me volví hacia Miriam, quien desde el sillón donde Alan la había acompañado, me miraba con ojos aprensivos:

—¿Cómo te sientes ahora, Miriam?

—Estoy bien –respondió muy tranquila.

—¿Qué sucedió hace un momento? Abandonaste bruscamente el asiento y hablaste con un acento y lenguaje distinto al tuyo.

—Jacinto me abrazó cuando ellos venían hacia mí y no los dejó que se acercaran.

—¿Pudiste verlos?

—No les vi sus rostros, sólo siluetas. En ese momento, Jacinto les gritó y fue hacia ellos con su machete en alto y se esfumaron en el aire. ¿Pero quién es este hombre que no me abandona nunca, profesor? ¿Quién es?

El reclamo le salía del fondo del alma, aunque no era ella sola la que estaba interesada en saberlo: la sana curiosidad se hallaba estampada en los rostros de todos mis alumnos y si yo no admitía que estaba intrigado por la presencia de aquel ser noble en mi gabinete, autorizaba a que se me llamara mentiroso. La preparé para hacerle una regresión y alcanzó enseguida la escalera simbólica que la conduciría a la memoria vinculada a Jacinto.

—Ya estoy en la escalera, profesor, ¿qué hago?

—Contaré regresivamente del diez al uno. A medida que nombre un número imagina que es un escalón que bajas. Cuando yo diga, "¡uno!" tú verás una fuente surtiendo agua. El efecto fue positivo. Tan pronto llegué al "uno", dijo:

—Llegué a la fuente, profesor. Derrama agua muy cristalina y hay muchas flores alrededor.

Esa referencia indicaba que Miriam había descendido hasta el umbral de su archivo de memorias y, por tanto, estaban creadas todas las condiciones para comenzar el proceso de regresión.

—Miriam, contaré del uno al tres y al llegar a este número sentirás entre tus dos cejas el roce de mis dedos. Cuando esto suceda, verás frente a ti un pasillo con muchas puertas a ambos lados. Camina despacio por él mirando detenidamente las puertas. Antes de llegar al final, hallarás una que atraerá tu atención. Te detienes frente a ella porque esa es la que guarda la información sobre Jacinto y tu persona. ¿Entiendes? Siguiendo esos pasos tu mente consciente podrá ver lo que deseas saber.

—Sí, profesor, entiendo y estoy ansiosa por despejar todas estas incógnitas que torturan mi mente.

La señal de que había seguido con exactitud mis instrucciones llegó enseguida.

—Estoy frente a la puerta –avisó–, ¿la abro?

—No, todavía no. Obsérvala detenidamente y descríbemela. Después trata de sentir las emociones que hay detrás de ella. ¿Entendiste?

—Sí, la puerta es antigua y pequeña. Siento dolor . . ., tengo ganas de llorar.

—Miriam, aprovecha esas emociones, abre la puerta y entra. Cuando estés adentro mira a tu alrededor y después obsérvate desde los pies hacia arriba.

Reprimiendo sollozos hizo un ademán de abrir una puerta. Unos segundos después, comenzó a clamar por su mamá y su papá, temblando visiblemente.

Todo su comportamiento era indicativo de que la técnica empleada la había conducido a una memoria de dolor cuando aún era una niña. Dejé que se desahogara un poco y le pregunté:

—Miriam, ¿qué ves detrás de la puerta que te provoca tanto dolor?

—No sé. Cuando abrí, todo se puso oscuro. Me sentí desamparada y comencé a llorar. Dentro de mí experimenté la sensación de que mis padres me habían abandonado y no volverían.

—¿Recuerdas si alguna vez te separaste de tus padres cuando eras niña?

Transcurrieron algunos segundos en que parecía estar buscando en su memoria y respondió:

—No, nunca me separé de ellos hasta que fui adulta y me casé.

Su respuesta me indicó que la memoria emocional que revivió no pertenecía a esta vida y, seguramente, el evento ocurrió cuando era una niña y el inconsciente, bloqueando las imágenes, sólo le permitió el desahogo emocional. Por tanto, varié la técnica y la induje a que observara la memoria detrás de la puerta como si estuviera viendo un film. Al traspasar la puerta de nuevo, me dijo:

—Ya estoy frente a la pantalla. Lo que veo es el marco de la puerta, porque se quedó abierta cuando entré. Al fondo, veo una niña de más o menos siete años de piel negra muy oscura, que llora detrás de una caja de madera.

—Miriam, respira profundo; retén la respiración; mantén cerrados los ojos con fuerza y pregúntale a tu subconsciente por qué llora esa niña y qué tiene que ver contigo.

Por un instante sus sollozos se suspendieron, después comenzó a llorar de nuevo.

—Yo soy esa niña.

—¿Estás segura? ¿Por qué sabes que eres tú?

—Ya no estoy mirando a la pantalla, me miro y siento lo que ella siente.

—Eso significa que en esa vida tenías otra raza, Miriam.

—Si, lo sé; también soy muy pobre.

La imagen que Miriam presentaba a mis alumnos de ese día, venía a confirmarles mis convicciones trasmitidas a ellos en mi escuela, de que las distintas reencarnaciones del espíritu eran un largo y repetido peregrinaje a la tierra para aprender por medio del dolor y así evolucionar hacia niveles más elevados de luz.

—Miriam, pregunta ahora por Jacinto.

—Está a mi lado, profesor, y me dice que hace tiempo esperaba por este momento. Está llorando y me pide que lo perdone por haberme abandonado. ¡Oh, Dios, cómo puede ser! Él es mi padre en esa vida, por eso yo lo veía desde niña y no le tenía miedo.

La expresión de Miriam, mientras hablaba, era conmovedora. Pese a que la mayoría de mis alumnos habían presenciado casos si no igual sí similares, todos la contemplaban con una mezcla de pena y comprensión. El llanto la estaba beneficiando mucho y dejé que se desahogara. Después pregunté:

—¿Puedes contarme lo que sucedió, Miriam?

—Sí, acabo de verlo todo. Jacinto fue mi padre en esa vida. Éramos esclavos de la familia Fernández que tenían en Las Tunas, en Cuba, la finca El Jagüey. El amo nos dio la libertad y le dijo a mi padre que se fuera a la guerra, que para que todos fuéramos iguales había que pelear. El señor Fernández no pudo ir por encontrarse muy enfermo. Mi mamá se fue con mi papá.

—¿Tú con quién te quedaste?

—Con la familia Fernández; me querían como a una hija. Ellos sabían que mis padres habían muerto en la guerra. Mi madre reencarnó como hermana mía en una vida anterior a ésta y mi padre, que siempre cargó la culpa de haberme abandonado, no quiere despegarse de mi lado.

Lo que Miriam relataba era frecuente observarlo en los gabinetes de los parapsicólogos: seres atrapados en nuestro entorno, intentando, ilusamente, resolver problemas que dejaron pendientes en el instante de su muerte.

—Miriam, pregúntale a Jacinto qué piensa hacer después de este encuentro contigo.

—Un momento, un momento, me muestra algo.

—¿Qué te muestra?

—Me señala desde arriba la isla de Cuba. Hay mucho dolor en ese país. Miles de seres están prisioneros, muchos buscan venganza. Ahora me dice que pronto volverá la que fue mi madre para estar a mi lado. Después, todos nos reuniremos otra vez.. Le da muchas gracias por propiciar este encuentro y le ofrece su ayuda si un día llegara a necesitarla.

Había transcurrido una hora desde el fin de la clase y todavía María y yo nos hallábamos rumiando en silencio. Un simple tratamiento hipnoterapeutico que tantas veces habíamos aplicado a distintos pacientes sin ninguna trascendencia ulterior en el caso de las hermanas Santander nuestra familia se había visto arrastrada, involuntariamente, a un enfrentamiento con seres desencarnado obsesos con venganzas de origen remotas.

—¿En qué piensas, Juan?

—Lo mismo que tú, creo. La amenaza que se nos viene encima es seria, María. No necesito engañarte. Pruna y su cohorte de entidades sin luz van a echar sobre nosotros, que les hemos aguado la fiesta con las Santander, ese odio sin control que han alimentado por cientos de años en las tinieblas.

El cuerpo de mi esposa se estremeció y en su mirada mostró el miedo que la embargaba.

—¿Qué haremos, Juan?

Por un segundo la observé con ojos graves. Luego, pretendiendo una serenidad que realmente no existía, dije:

—Ya veremos, María, ya veremos –y reprimí una mueca de inquietud–. Habrás observado que si bien algunos vienen a atacarnos, también hay otros que se presentarán para ayudarnos. Confiemos en ellos.

CAPÍTULO XI

EL ESPÍRITU DE PRUNA
DESATA LA VIOLENCIA

L a intromisión de Pruna en mi trabajo diario no se redujo, por supuesto, a la sesión con Miriam Blanco. Los seres sin luz atrapados en algún lugar de la tierra con designios oscuros, no son cosas nuevas: Existen desde que se inició el proceso de reencarnación con el advenimiento del hombre a los mundos.

Ahora bien, tal y como algunos humanos hacen daño a otros, unas veces sin intención y otras de forma intencionada, los seres desencarnados y sin evolución que ocupan ese plano invisible e intangible que se funde con el mundo de los vivos, tienden a comportarse como si aún no hubieran salido de él. Por desgracia, la parapsicología, ciencia nueva, sólo dispone en este «momento».

Obsérvese que encerramos entre comillas las palabras momento y actuales. Con ellas queremos significar que los parapsicólogos consideramos esa limitación como transitoria, pues toda ciencia avanza paso a paso hacia su horizonte por las sucesivas metas que se traza.

Nos valemos, pues, de personas con cualidades de médium y las capacidades potenciales que todos poseemos de penetrar en nuestro archivo subconsciente para desde ahí proyectarnos hasta la zona lóbrega donde moran estos cuerpos para hacerles comprender su error y, merced a la persuasión, ayudarlos a descargar las emociones de orden material que, como un dogal de plomo, los mantienen pegados a la tierra.

Aunque en los párrafos que preceden hemos hecho consideraciones de carácter científico llevándolas a su mayor simplificación, la presencia de estos fenómenos en nuestras vidas es indiscutible.

Con la mente puesta en las reflexiones anteriores, valoré la conveniencia de analizar con el grupo de apoyo la situación de las hermanas Santander y la nuestra. Había llegado el momento de trazar la estrategia que utilizaríamos para tratar conseguir que el espíritu de Pruna abandonara su sed de venganza y se elevara a un plano de luz. Con ese propósito los cité a mi gabinete.

—Yo observo mucha mejoría en las dos hermanas –opiné–, y lo que ellas mismas admiten está de acuerdo con mi observación. No sé si convendrán conmigo.

—Cierto, Juan –admitió María–. Judith llamó ayer y me dijo que ella se sentía bastante bien y lo único que le preocupaba era que todavía su hermana, Laura, tenía esas pesadillas horribles con Pruna, y que tan pronto se librara de ellas, regresarían para México.

—Yo que las conozco y sé el estado en que llegaron aquí –aclaró José Antonio–, estoy consciente del progreso que ahora muestran. Además, ellas mismas me lo han confesado con bastante entusiasmo.

Humberto, que había enfrentado solo a Pruna en la última sesión con Judith, afirmó:

—Primo concuerdo contigo en que nuestro problema se reduce a convencer al espíritu de Pruna para que abandone el mundo sombrío donde se halla: su obsesión de venganza es un lastre que le impide elevarse.

—Estoy de acuerdo con Humberto –corroboró Adonis–. Mientras no resolvamos el problema de Pruna, no podremos liberar a Laura de sus pesadillas.

—Una observación muy correcta, hijo –aprobé–. La solución de las pesadillas de Laura con su esposo, Ramón, pasa por el padre de éste, Gaspar Pruna, que viene enlazado con estas muchachas desde la etapa de la Inquisición. Es un odio arrastrado por distintas reencarnaciones y habría que ver en cuánto contribuyó ese odio alucinado a que se consumara el asesinato de su hijo en esta encarnación.

—¿Cuáles son los pasos que seguiremos, Juan? –preguntó María.

—Todavía nos queda esta sesión con Laura y, quizás, otra con Judith, por lo menos una más. En una de ellas, dependiendo de las condiciones creadas en el momento, Humberto o Adonis deben envolver el cuerpo astral de Pruna. Después, formando entre todos un círculo de energía con las manos unidas debemos provocarle una catarsis emocional para disminuirle esa capacidad que posee de interactuar en el mundo físico.

Lo dicho en el diálogo anterior nada tiene que ver con los seudoespiritistas que sin conocimiento acerca de la ciencia de la parapsicología utilizan recursos efectistas para engañar a incautos. Es, por el contrario, una técnica muy vieja que consiste en disolver la carga atmosférica que lleva consigo desde la tierra el cuerpo astral cuando abandona el físico como consecuencia de la muerte.

Algunas religiones hablan del alma, otras del espíritu, el ser interno, etc. Nosotros, sin pretender aplicar ningún concepto ecléctico, hablamos de seres astrales y valen, quizás con algunas limitaciones, las equivalencias de los términos. Cuando decimos que Humberto o Adonis envuelvan el cuerpo astral de Pruna, queremos señalar que ellos, con su elevada capacidad sensorial, pueden servir de vehículo para que Gaspar Pruna descargue las emociones que lo tienen atado a la tierra. Con ello debilitaríamos las fuerzas tenebrosas que posee; las cuales, en sus últimas apariciones, se habían revertido en contra nuestra.

Realmente lo necesitábamos. Desde la última sesión con Judith Pruna no cesaba de molestarnos: las bombillas fluorescentes se fundían con frecuencia nunca antes vista, los alumnos de mayor videncia observaban su sombra desplazarse por el aula, y en los momentos de soledad, María y yo oíamos su risita maliciosa seguida de tirones de puertas; pero, sobre todo, su desagradable olor regado en el ámbito de la escuela. Incluso, cuando nos retirábamos a nuestras casas, Pruna no cesaba su contumaz perturbación. En varias ocasiones las autoridades tuvieron que acudir debido a que la alarma de nuestra oficina se disparaba sin causa aparente, la última de ella, como quedó dicho al inicio de nuestro relato, tuvo para mí una singular trascendencia: por la colosal fuerza magnética con que venía cargado en esa ocasión no sólo fui objeto de su furia ciega, sino que estimuló mi limitada capacidad sensorial hasta el punto de permitirme ver los trazos inciertos de su monstruosa figura. Era un reto, Pruna tenía que salir de allí.

Por esa fecha, ocurrió otro hecho curioso. A ruegos de Adonis, cuatro años atrás, habíamos comprado una mascota a la que pusimos por nombre Piwee. Era un perro chihuahua muy cariñoso que en ocasiones llevábamos a la oficina o a las clases, donde era muy querido por los alumnos.

Sabido es que los perros tienen muy desarrollado los sentidos de la vista y del olfato y esas cualidades las poseía Piwee en grado superlativo.

Antes de que comenzáramos los tratamientos a las hermanas Santander, Piwee había visitado nuestro consultorio un número de veces que mi memoria me impide ahora cuantificar. Incluso, recuerdo una después del inicio de las sesiones. Nunca dio manifestaciones de percibir nada anormal, pero después de la irrupción de Pruna en la sesión con Judith, se alteró tanto que sus ladridos, mejor decir aullidos, parecían reflejar las influencias atávicas endosadas a él con su advenimiento a la tierra.

Por esa época, en mi programa radial despertaba mucho interés los temas de la hipnosis y la parapsicología. Motivado por ello comencé a utilizar los sábados que no había clases y algunos domingos, para invitar a radioyentes interesados en estos asuntos a que asistieran a la escuela y observaran nuestras demostraciones prácticas con alumnos voluntarios o, como sucedió en algunos eventos, las de participantes que poseían elevadas percepciones extrasensoriales. La asistencia era absolutamente gratis y, a veces, llegaban a sumar cincuenta personas y en ocasiones aun más.

Recuerdo un domingo en que, para asombro nuestro, a las cuatro de la tarde solamente habían llegado dos personas. De ellas, una mujer de origen español, Alba González, que asistía con bastante frecuencia. Poseía una elevada capacidad de clarividencia a través del Tarot, lo que se hizo evidente cuando se acercó y me dijo:

—Profesor, ¿me permite? –su expresión era seria y también algo compungida.

—Claro –acepté sonriendo.

—Hoy no debe esperar más invitados –anunció con sencillez.

María y yo la miramos algo asombrados.

—Parece evidente –admití–. Pero, ¿por qué?

—Desde donde estaba sentada –señaló hacia su pupitre– he observado que varias de las personas que en otras ocasiones he visto aquí, llegaron hasta la puerta y no han entrado. Y nadie entrará. En el umbral hay un ser que lo está impidiendo. Quiere que le diga algo más terrible aún, él no ha venido solo. Lo acompaña una legión de otros igualmente oscuros y saturados de odio terrenal.

La miré sin dar muestra de perplejidad. En participaciones de encuentros anteriores Alba había demostrado que no era ninguna charlatana.

Asentí con un movimiento de cabeza que más bien pretendía mostrar la preocupación que despertó en mí sus palabras.

—Me deja anonadado, Alba.

—No le he dicho esto para que se preocupe. Profesor. Usted es un buen profesional, pero por lo que he observado tiene sus limitaciones naturales para ver en ese mundo donde a veces hasta los que estamos dotados tenemos nuestras dificultades. Y para su satisfacción debo agregar que usted no está tan indefenso contra sus acciones como pudiera creer. En esta aula, además de esos seres llenos de odio, veo otros que vienen porque saben que aquí se realizan actividades en bien de ellos, más aún, algunos están en plan de defenderlo si se presenta la oportunidad.

Volví a mover mi cabeza en un gesto de cortesía.

—Acepte mi consejo –continuó–, cancele la conferencia y se evitará problemas. Si lo que observo en las intenciones de ellos es ominoso, y yo sé que lo es, sería correr el riesgo de la tragedia si alguien entra en trance hoy aquí. Y debe apurarse en sacarlos o tendrá que enfrentar en un futuro inmediato hechos graves y muy desagradables.

—Le agradezco, Alba, que me haya advertido. Conozco a ese ser astral y sé que debemos trabajar para aliviarle en la carga terrenal que no le permite elevarse. Tomaremos medidas, gracias.

Naturalmente, siguiendo el consejo de Alba cancelé todas las actividades programadas para ese día. Pruna había logrado su propósito y me llamó la atención, por segunda, vez que sus designios no iban contra las hermanas Santander, sino contra mí y mis colaboradores. Pero como explicaré enseguida, la intromisión de Pruna que dio lugar a la suspensión de la conferencia ese día fue cosa de poca monta si se le compara con lo que sucedió en la sesión que le impartimos a Laura el siguiente Domingo.

Más aún, en el transcurso de esa semana la vida de mis ayudantes y la de mi familia se vio trastornada por extraños acontecimientos para los cuales, pese a mi experiencia, no logré al principio hallarle el hilo que los unía: muy temprano en la mañana del Martes, Perdomo me llamó por el celular para rogarme que fuera hasta el cuerpo de guardia del Atlantic Shores Hospital en Fort Lauderdale. Había tenido un accidente de trabajo, felizmente sin consecuencia, que lo mantuvo dos días en reposo en su casa. Al día siguiente, de visita en la casa de mi primo Humberto, éste me contó que la noche anterior había tenido una alucinante pesadilla donde fue atacado de manera similar a las hermanas Santander. Más tarde, ese mismo día, Adonis llamó por teléfono a la oficina para comunicarle a María que había chocado el Toyota Corolla recién comprado por su abuela quien se lo había prestado. Algo curioso y que despertó mi alarma fue que el accidente se produjo en una intersección por donde a diario pasaba y violando una señal de parada imposible de ignorar. Y para cerrar esa insólita cadena de hechos funestos en tan corto lapso de tiempo, en mi escuela se presentaron durante casi toda esa semana discusiones, a veces notables, entre alumnos que siempre habían mantenido una amistosa relación, tanto porque esa era la norma establecida, como por el hecho de que en una porción elevada ellos eran profesionales de distintas ramas y, por tanto, muy comedidos.

Todo lo anterior, naturalmente, me preocupó. Solamente una persona muy aislada de la realidad que yo estaba viviendo se atrevería a afirmar que esa concatenación de acontecimientos no mantenía una relación causal entre los seres desencarnado que secundaban a Pruna y mi equipo de apoyo, según Alba me había advertido. Esperé, pues, hasta el inicio de la siguiente semana con la carga de onerosa premonición que tanto a María como a mí nos impidió el descanso.

Muy temprano para la hora citada, Laura arribó a nuestra oficina. Pero ya todas las condiciones se hallaban preparadas. Antes de comenzar, le eché una ojeada al personal. Aunque mostraban tranquila apariencia, yo sabía que la jettatura sobre ellos durante la semana anterior tenía que estar ejerciendo algún tipo de influencia.

—¿Listos? –pregunté por decir algo.

Con ojos aprensivos, las cabezas se movieron asintiendo. Me volví hacia el sillón. Le expliqué a Laura que lo importante era revivir las pesadillas para encontrar los motivos que las provocaban y erosionaban su sueño a diario. Movió la cabeza para indicarme que comprendía lo que le había dicho.

Comencé la inducción para que alcanzara el sueño hipnótico y poco a poco se fueron desvaneciendo los estímulos circundantes hasta que dijo hallarse frente a la escalera simbólica. Su rostro sereno y la lasitud de sus músculos indicaban que sus frecuencias cerebrales habían descendido lo suficiente para comenzar el proceso terapéutico. De pronto, su cuerpo experimentó violentas convulsiones y la fea deformación de su rostro, momentos antes sedado, parecía indicar que Laura había entrado en el séptimo círculo del infierno. Su crispada mano izquierda agarró el brazo derecho de Adonis que se hallaba a su lado. Parecía forcejear con alguien.

—¡No, no me mate, no! –El espanto que mostraba su rostro era indescriptible–. ¡Ese cuchillo, ese cuchillo, con él mataron a Ramón! ¡Ayúdenme, ayúdenme!

—Papi, están aquí. Esto está lleno de seres –avisó Adonis–. Traté de detenerlos, pero no pude. Protejan a Laura. Voy a intentarlo otra vez.

A partir de esas palabras aquello se convirtió en un pandemónium. En terminando de hablar Adonis, Humberto se puso rígido, desencajó su faz y levantó el brazo en actitud agresiva como quien blande un arma blanca en dirección a Laura. Comprendí, que al tratar de detener solo a Pruna, éste había penetrado en su cuerpo provocando aquella reacción involuntaria.

Le di un tirón al sillón reclinable para alejarlo de Humberto al tiempo que calmaba a Laura con palabras persuasivas.

Adonis, con los ojos desenfocados, se dirigió hacia Humberto. El asunto comenzó a preocuparme.

—¡Adonis, qué vas a hacer! –lo reprendí.

—¡Ayúdenme todos, voy a sacarlo para que no joda más!

En medio de toda aquella barahúnda, sonreí. Nunca había oído a mi hijo decir una palabra gruesa. Pero la sonrisa se desvaneció apenas surgida. José Antonio y Perdomo trataban de controlar a Humberto cuya furia crecía. María se esforzaba, sin lograrlo, de calmar a Laura que se había salido del trance y permanecía sentada aterrorizada en posición casi fetal, mientras el infernal olor a Pruna me tenía, y probablemente a todos, al borde de vomitar.

El caos creado crecía incontrolable. La voz de Humberto ora grave, casi ronca, ora leve como de contralto me crispaba mis ya alterados nervios. Sus palabras maldicientes, sin un hilo conexo que hilvanara una idea parecían salir de distintas bocas.

—¡Pelean entre ellos! –gritó Perdomo.

—¡Mira, mira, Juan! ¿No lo ves?– me gritó María.

Y sí, ante mis ojos aparecieron alucinaciones de figuras dantesca de cambiantes formas. Algunas vociferaban inaudibles palabras y otras mostraban risas sardónicas de horripilantes matices. Un frío polar se regó por mi cuerpo cuando una de ellas se me vino encima.

Pero con súbita rapidez alguien o algo se interpuso y reconocí la voz bronca de Jacinto que gritó: ¡Yi, cuida'o cuida'o con'ese carajo, aquí e'toy yo pa' protejé! El frío se desvaneció. Y a mi mente vino Laura que, acurrucada sobre el sillón observaba espantada el revoltijo frente a sus ojos.

—¡María –ordené–, saca a Laura.

—¡Sí, Juan, si Juan!

A través del maremagno que nos envolvía la vi tomar a la muchacha por el brazo. Las dos corrieron en dirección a la puerta. La abrió. El vocerío crispantes crecía en el pequeño saloncito. Observé a María que, tirando de Laura, se esforzaba en vano por salir. Ambas presentaban esa rigidez característica de seres que han perdido su capacidad de movilidad.

—¿María, qué pasa. ¿Por qué no salen?

— ¡No puedo, Juan, no puedo! Algo . . . una fuerza, no sé. ¡No me dejan!

Entonces vi a Laura correr en dirección de Adonis que, enredado con Humberto, se golpeaban en el piso. Evidentemente había visto a su padre posesionado del cuerpo de mi hijo luchando con el espíritu de su suegro que ocupaba el cuerpo de Humberto.

—¡Papá, papá, ayúdame a salir de aquí! –imploraba Laura.

Y sus palabras trajeron a mi mente la claridad que necesitaba para tratar de retomar el control de aquella barahúnda.

—¡María ven, dame la mano. Laura agarra a María, José Antonio, Perdomo formemos el círculo de energía que acordamos.

Finalmente, formado el círculo, los seres infernales comenzaron a abatirse y, con la rapidez que hicieron irrupción se fugaron. Adonis y Humberto todavía en el piso se miraban entre sí un tanto azorados. Sus rostros presentaban las magulladuras del encuentro involuntarios anterior. Adonis, ahogando su sofocación, avisó:

—Se han ido. Pruna perdió mucha fuerza.

—No se arrepintió antes de irse –explicó Humberto, sacudiendo la cabeza– ¡Qué sabor más desagradable a alcohol y tabaco me dejó en la boca. ¡Puf, puf!

—¡Dios santo, que olor más desagradable el de ese ser! –dijo Laura.

Me volví hacia ella. Su expresión de horror se había atenuado, pero aún se hallaba nerviosa:

—No más, profesor; por hoy no más . . . ¡Si no hubiera sido por mi padre . . .!

La senté en el sillón.

—Cálmate y respira profundo, Laura. Respira, respira.

Después que hizo varias inspiraciones le pregunté:

—¿Cómo te sientes?
—Mejor, gracias.
—Bien. No te preocupes, sólo vamos a hablar. ¿Por qué te aterrorizaste tanto cuando bajabas las escaleras?
—De pronto todo se puso oscuro y vi a mi suegro que venía hacia mí con un cuchillo en la mano. El mismo cuchillo que Ramón tenía encajado en el pecho aquella noche que lo asesinaron y, profesor, detrás de él vi a la misma sombra.
—Cuando gritaste, yo lo abracé para que no te hiciera daño –explicó Humberto–. Enseguida todo se me nubló. Mi voluntad se debilitó tanto que no podía mover mis miembros. Sólo veía girar en torno a mí un montón de algo parecido a los monstruos que se aparecieron en el sueño que tuve unas noches atrás. Fue no sólo terrible sino inquietante porque me hallaba separado de mi cuerpo, tratando de volver a él sin lograrlo y todo lo veía desde arriba como un espectador en el cine. Me hallaba al borde de la locura cuando, para mi tranquilidad, vi a Adonis forcejeando encima de mí y apareció un círculo de luz. Entonces sentí que, súbitamente, esa cosa fue expulsada de mi cuerpo como lanzada por una catapulta.
—Si Adonis no lo abraza y lo tira al suelo, ¡ay, Dios . . .! –se quejó Perdomo–. Ya no podíamos dominarlo; ¿no es así, José Antonio?

José Antonio movió la cabeza afirmando.

—Yo estaba a punto de soltarlo. No lo hice porque sabía lo que iba a suceder, Pruna y su séquico de las tinieblas habían alcanzado un estado de frenesí peligroso.

—¿Y qué va a pasar con mi hermana? –preguntó Laura.

—No te preocupes, ya él no es un peligro –la calmó Adonis– Ha perdido tanta fuerza que si vuelve podemos dar fácilmente cuenta de él. ¿No es así, papá?

—Sí, mi hijo, así debe ser.

—¿Y cómo pueden estar tan seguros? –inquirió Laura, inquieta.

—Con esa descarga de emociones que su cuerpo astral hizo a través de ellos –expliqué–, su capacidad para utilizar sus artimañas en el mundo físico ha sido quebrantada. "Al menos –dije para mi coleto–, eso espero." Y volví el rostro para no mostrarles mi incertidumbre.

La tertulia obligada que seguía a todas nuestras sesiones la utilizamos, por un mutuo y silencioso acuerdo del grupo, para acabar de tranquilizar a Laura quien ya al salir, dijo:

—Profesor, ¿sabe que siento la presencia de mi padre a mi lado?

Capítulo XII

Ramón revela el nombre de su asesino y Laura lo libera de las tinieblas

En la semana que siguió a la accidentada sesión de Laura Santander, disfrutamos en todo de una relativa paz. Las intromisiones del espíritu de Pruna no alcanzaban el carácter espectacular de los días anteriores, aunque su marchita figura hacía su aparición aquí y allá despertando entre mis alumnos menos dotados ese temor reprimido que suele embargarnos cuando estamos frente a algo que sólo alcanza en nuestras mentes una confusa explicación. Yo, sin embargo, no había logrado la tranquilidad interna natural en mí. Y existía una buena razón: yo sabía que el espíritu de Pruna no había abandonado sus designios contra los que ayudamos a las hermanas Santander a salirse del lazo infernal que desde la época de la inquisición él había colocado en el cuello de estas muchachas.

¿Cómo adquirí esa inquietante certidumbre? Ante todo debemos aclarar que al final del capítulo anterior dijimos algunas verdades a media por razones terapéutica. Ciertamente hubiera sido un error decirle a Laura, después de una sesión que alcanzó ribetes de locura demoníaca, que el vigor de Gaspar Pruna para hacer daño se mantenía casi incólume.

Esa información que me mantuvo enervado durante la larga semana que medió entre la última fuga de Pruna y la última terapia programada para Judith, me llegó desde distintas fuentes: primero fue la confesión de Humberto y Adonis, una vez que Laura se hubo retirado confiada por el calmante vaticinio de ellos de que el espíritu del viejo Pruna había perdido sus garras.

—Volverá, papá. Y creo que con más rabia –aseguró Adonis con semblante preocupado.

—Sí, intervino Humberto. No quise decirlo delante de Laura para no asustarla. Pero me lo advirtió: ¡volveré, prepárense, me las van a pagar!

Suspiré, pues con mis limitaciones para lograr el contacto en esos niveles que a ellos les resultaba fácil, yo había creído en sus tranquilizadoras palabras.

En la tarde siguiente, Perdomo se presentó en la clase con una expresión de reprimido temor estampada en su rostro que anunciaba a las claras algún tipo de sombríos pensamientos. En el primer receso que tuvimos le hice una silenciosa invitación a que me siguiera al despacho. Enseguida habló como quien tiene la necesidad de desahogo:

—Profesor –me dijo–, me están pasando cosas increíbles desde la última sesión. Quiero creer que se deben a que mis capacidades sensoriales se han abierto de modo notable en ese último encuentro que tuvimos con Pruna y toda la cohorte que lo acompañaba.

—Debo confesarte que percibo en mí algo similar, pero prosigue.

—¿Puede usted creer que con harta frecuencia me cruzo con personas que en apariencia tienen todas las configuraciones de los vivos y yo estoy absolutamente convencido de que esta están muertas?

—Te creo y te aseguro que existen demasiadas experiencias en distintas partes de la tierra que lo confirman, ¿pero por qué tienes esa convicción?

—Por sus formas de moverse, sus vestimentas; no se, son señales intangibles pero tan reales como estarlo mirando a usted.

—No sé, qué decirte. Es bueno que se te hayan abierto nuevas percepciones. Pero por tus conocimientos sabes que eso puede constituir un arma de doble filo, si no estás programado para controlarlo a tu arbitrio y ellas sólo responden a lo espontáneo. Yo te ayudaré, naturalmente.

—Gracias, profesor. Me quita un gran peso de encima porque lo que vi hoy al venir hacia acá fue algo que me asustó de verás.

—¿Por qué?

—Atravesaba una intersección que tiene triste celebridad por la cantidad de colisiones ocurridas allí y súbitamente vi una aglomeración. Me dije: "¡Vaya, otro accidente!" Y ciertamente vi a un anciano con la cabeza destrozada y personas que acudían en su ayuda. Frené con el riesgo de recibir un golpe por detrás. Y asómbrese, Profesor, cuando levanté la cabeza, no había nadie.

—Ese tipo de visión involuntaria es peligrosa y creo que no debemos perder tiempo en regular ese descontrol extrasensorial. Al terminar la clase nos reuniremos aquí de nuevo para comenzar el trabajo. ¿Te parece bien?

Él asintió muy compungido y ambos regresamos al aula.

A mediado de semana mi escozor cobró nuevos bríos cuando recibí una llamada de Alba. Según explicó, quería decirme algo urgente que tendría gran trascendencia en mi vida futura. Yo conocía que, entre otras dotes naturales supranormales, ella dominaba profundamente los secretos del Tarot. Intuí que algo significativo para mí había leído en las cartas y deseaba ponerme sobre aviso. Le agradecí su gentileza y le rogué que si podía tener una entrevista en algún lugar que ella escogiera y como delegó en mí la elección, quise agasajarla y la invité al restaurante "Casa Juancho" situado en el corazón de La Pequeña Habana. Para mí, uno de los mejores en comidas españolas. Naturalmente, siendo de origen español, aceptó complacida.

El jueves, a las ocho de la noche, María y yo la recibimos bajo la gran arcada que servía de umbral a la casona. Al parecer, motivada por los recuerdos de su patria se presentó con uno de esos vistosos y holgado vestido color oscuro de estilo flamenco que realzaba su ya notable belleza y servía para acentuar aún más el tinte negro de sus grandes ojos. Al verla, María sonrió de un modo peculiar en ella cuando me quería decir, sin usar palabras: "Ves, yo tenía razón" En verdad me sentí un poco culpable. Cuando se preparaba para salir me preguntó:

—¿Juan, cómo me visto?

Sumido en mis reflexiones acerca de lo que estaba por venir, contesté con ligereza:

—Ponte algo sencillo, no vamos a ningún protocolo.

Felizmente ella no me hizo caso y se vistió como Dios manda para una ocasión a la que Alba le había dado el carácter de protocolo, conforme al elegante atuendo que llevaba puesto.

Concluido los saludos, el capitán nos condujo a una de las mesitas allende al bar para hacer la espera obligada antes de pasar al salón de los comensales. Allí, pasadas dos ronda de una viña mayor de la rivera del Duero, ella comenzó sus confidencias:

—Ante todo, debo excusarme, porque después de aceptar su invitación a comer, mis reflexiones me dijeron que quizás el momento de la degustación de una comida no fuera el más propicio para la clase de noticias que le tengo que dar.

El preámbulo me provocó cierta desazón y noté en María un alza en la inquietud de que daba muestra desde la hora que dio inicio a la larga y prolija tarea de la elección del vestido. De cualquier modo la "viña," aunque no profunda, ya había producido en mí la inhibición suficiente para aceptar con estoicismo lo que estaba por venir. Le hice una señal a Alba:

—Estoy listo.

—Lo respeto y siento gran aprecio por usted, profesor Caballero. Usted no me lo pidió, es cierto, pero este aviso surgió espontáneo. El día que observé en su clase a esa legión de seres procedentes de la otra vertiente de nuestro mundo regresé a mi casa dispuesta a realizar algunas indagaciones con las figuras y el resultado de mis observaciones, repetidas varias veces, no son buena . . .

—La mesa está lista, señor Caballero.

Realicé una señal de asentimiento y todos los seguimos hasta un extremo, rincón umbroso, donde teníamos situada la mesa asignada. Nos sentamos y comenzó la elección de los platos con el trasfondo de una pieza de música flamenca cuyo contrapunto de guitarras se me antojó inusualmente triste. En el interregno de la espera por el servicio, realicé un brindis con una sobredosis en mi copa. A veces, como preconizaba Baco, el espíritu de los alcoholes puede hacer un bien. Lo sentí por María, obligada a una abstinencia por ser quien conduciría de regreso. Noté vacilación en Alba y la insté a proseguir con una sonrisa casi festiva. Al parecer su temor por abrir la caja de Pandora crecía. Extrajo un paquete de cartas que traía en su flamante cartera y las manipuló con esa suerte de prodigio que poseen los bien dotados para hacerlo y me invitó con un gesto a que tomara una.

Miré hacia María y, después, nuevamente hacia ella. Repitió el gesto de invitación a que cortara. Lo hice. Observé la carta y sentí un vuelco en mi corazón. Tratando de ahogar mi desasosiego para no alarmar a María, puse una intención festiva en la sonrisa que mostré.

—¿Me permite verla? –dijo.

Estiré mi brazo de modo que María no viera la figura. Ella la miró y, con imprudente prontitud, la mezcló a las otras.

—Las cartas no siempre dicen . . .

—Alba –la interrumpí cortésmente–, todos aquí somos adultos y consciente de a qué hemos venido. Saber nos permite precavernos contra males que caen dentro nuestro libre albedrío.

—Es cierto. Sobre usted, su familia y todos los que colaboran en su trabajo contra ese ser endemoniado, se cierne un grave peligro. Diría más, esa escuela tendrá que cerrarla y todos sus otros negocios irán a la quiebra . . ., a menos que ocurra un milagro.

Sus palabras iniciales no podían haber sido más exactas. Ciertamente aquella no era una conversación que estimulara el apetito. Al retirarnos, ante el asombro del mesero, el servicio había quedado intacto, como un monumento a la necedad. Aquella comida nunca debió efectuarse.

En la casa, ya preparados para ir a la cama, la taciturna expresión impresa en el rostro de María no había desaparecido aún. Acostados y mirando ambos al cielo raso de nuestra alcoba en un silencio más cruel que mil palabras maldicientes, ella habló:

—Juan, yo vi la figura de la carta.

Durante largos segundos mi respiración se suspendió, luego admití sobrecogido:

—Sí, el símbolo de la muerte.

Esa noche fue una prolongada vigilia concomitante con los augurios del desastre a que conduciría mi vida aquel encuentro inocente y en apariencia inocua, con las hermanas Santander meses atrás. Porque, tengo que decirlo ahora, los oráculos se cumplieron casi al pie de la letra.

El domingo a las diez de la mañana ya se hallaban en el recibidor de mi oficina todas las personas citadas para la que considerábamos la penúltima sesión de Laura. Sin embargo, en la antesala que hicimos todo parecía indicar que ésta sería la última, tal era el estado de euforia de las hermanas: sus rostros habían perdido la marchités de los días anteriores y la forma de ambas expresarse transmitía el aplomo y seguridad que produce la paz interior.

—Lo que observo me indica que las cosas han cambiado –opiné.

—Profe, usted no lo sabe bien –dijo José Antonio–. Las cosas que ellas me han contado evidencian que nos hallamos delante de otra Laura y de otra Judith. Ayer sábado, se pasaron el día en mi casa y en nada me recordaron a las alicaídas muchachas que usted entrevistó allí hace casi tres meses.

—Sí –admití–, las veo muy bien. Pero oigamos qué dicen ellas. Tú, Judith.

—Ante todo debo presentarle disculpas, profesor. En cierto sentido me siento avergonzada. Hubo un momento en que dudé del tratamiento que nos hacía . . ., pero hoy, hoy me siento tan bien . . . ¡Gracias, gracias! –balbuceó emocionada–, gracias a todos: Humberto, Adonis, María, José Antonio, Perdomo.

Comprendimos que más allá de las palabras se desbordaba un sincero sentimiento de agradecimiento. Se abrazó a mí e hizo un sencillo ademán de que los estaba abrazando a todos. Observé a Laura. También lloraba en silencio, mientras su cabeza se movía asintiendo.

—Yo también tengo que pedir disculpas, profesor, no sólo por lo que dijo mi hermana, que lo comparto, sino porque hubo un momento de duda y desolación en que desobedecimos su orden de no hablar entre nosotras y es posible que eso haya interferido su trabajo con transferencias simbólicas, como usted nos advirtió.

Sonreí ante esa sincera manifestación de arrepentimiento. La desobediencia pudo tener efectos negativos, pero por fortuna no fue así.

—Lo incluí dentro de mis cálculos –las disculpé–. De hecho, siempre conté con esa posibilidad. Los sueños, Judith, ¿han desaparecido?

—Hace una semana que no los tengo, profe, pero mi hermana . . .

Me volví hacia Laura y abrí los brazos en señal de inducirla a hablar:

—No se trata ya de los sueños, profesor. A Dios gracias, no los he tenido, pero duermo mal porque no puedo olvidar la imagen de Humberto . . . es decir, de mi suegro cuando venía hacia mí para matarme.

—Ya no hay que preocuparse por Pruna. Ese ataque fue su último intento violento por resolver el viejo conflicto que lo enlazaba a ustedes dos con él, desde la época de la Inquisición. Te diría más, esa violencia fue buena, por que le permitió desahogar la carga que lo mantenía atada a ustedes.

En su rostro se atenuó la expresión de temor.

—¿Usted cree que . . .?

—En ese sentido Pruna ya es historia para ustedes, aunque tratándose de él siempre tendremos incertidumbre sobre cuál será su comportamiento.

Las dos hermanas bajaron la cabeza y se mantuvieron en actitud de inquieta meditación. María comenzó a preparar las condiciones en el cubículo y Adonis se me acercó para hablarme en voz baja:

—Papi, no te preocupe. Esta vez Humberto y yo estamos bien preparados, si él se presenta.

—Sí, mi hijo. Es bueno que ustedes estén preparados, porque presiento que Ramón va aparecer, y si entra tan lleno de cólera como su padre, quizás tengamos una sesión tan agitada como la de la semana pasada.

Adonis se alejó asintiendo y María me indicó con la cabeza que todo estaba listo. Entonces fue Judith quien se aproximó:

—Profesor, quisiera estar presente en esta sesión.

Le di mi aprobación:

—Puedes hacerlo, pero debes mantenerte lo más alejada posible.

Se retiró a un rincón. Observé que todos se hallaban en la posición preestablecida y me senté al lado del sillón reclinable donde María había colocado a Laura. Bajé la luz y comencé la inducción. Varios minutos después, Laura se hallaba descendiendo la escalera simbólica. Aun en la tenue penumbra que nos envolvía, observé en su rostro la tranquila expresión del niño que duerme.

—¿Dónde te hallas, Laura?

Se demoró cierto tiempo en contestar, lo que evidenció lo profundo de su trance.

—Estoy a la orilla de la playa . . ., me recuerda mi Luna de Miel en Acapulco.

Su faz mostraba encantamiento.

—¿Qué oyes, qué sientes, qué ves?
—¡Hay tanta paz! El mar está sereno y una brisa tenue me roza la piel.

La respuesta era una indicación de la vitalidad sensorial dentro del subconsciente.

—Laura, es necesario que tú revivas tus pesadillas con Ramón. Debes pedirle a tu inconsciente que abra las puertas donde guardas esas memorias. Pondré los dedos en tu frente y contaré hasta tres. Al primer número respira fuerte y retén la respiración; cuando cuente el último suelta el aire con fuerza y pídele a tu mente, con la mayor intensidad posible, que te deje ver la primera pesadilla que tuviste después de la muerte de Ramón.
—Entendí, profesor. Puede contar, estoy preparada.
—¡Uno, dos tres! ¡Ahora!

Su primer gesto fue una fuerte contracción seguidas del castañeteo de sus dientes. Al instante comenzó un jadeo como quien busca oxígeno. Judith intentó aproximarse y le hice señas de que se mantuviera quieta.

—¿Qué sucede, Laura?

—No sé . . . todo lo veo muy confuso. Hay mucha gente lamentándose. Estoy con Ramón bajo un montón de tierra . . . Sáqueme de aquí, sáqueme de aquí. ¡No puedo respirar!

Le tomé las manos y sacudí sus brazos al tiempo que le ordenaba que respirara profundo.

—¿Estás con Ramón en algún lugar o estás reviviendo un sueño?

—No sé, estoy confundida.

Judith se me acercó y me habló al oído:

—A su regreso de la Luna de Miel, fueron a Ciudad México invitados por unos amigos. Allí los sorprendió el terremoto. Ellos no estuvieron soterrados, pero ella regresó a la casa muy afectada por lo que había visto.

Asentí y con una mirada le agradecí la aclaración.

—Laura, contaré de nuevo. Cuando oigas el tres, pregunta por qué te viste con Ramón en esa situación. Un . . . dos . . .¡tres!

—¡Oh, Dios, nos hallamos en el cementerio! Están enterrando a Ramón. La gente le tira flores a la caja que desciende –de nuevo apareció el jadeo precursor de la sensación de asfixia–. ¡No puedo más, todo se pone negro, creo que me desmayo! –después de nuevos esfuerzos por aspirar aire, se desmadejó sobre el sillón reclinable.

La ayudé a salir del descenso y reactivé sus funciones. Tomó conciencia nuevamente.

—¿Qué pasó, Laura? ¿Por qué te desmayaste?

—¡Al fin, Virgen de Guadalupe! Fue el primer sueño que tuve después de la muerte de Ramón, –respiró profundo–. Ahora lo veo más claro. Ramón y yo, recién casados, nos hallábamos en la capital de México cuando el terrible terremoto destruyó la ciudad. Las escenas que vi me produjeron un shock, y en el momento del entierro, esas escenas se me presentaron de nuevo y tuve la sensación de que mientras la gente echaba tierra sobre la caja yo estaba al lado de Ramón. ¡Creí me enterraban viva!

—Por lo que dices, es evidente que estos fueron los símbolos que generaron tus pesadillas repetidas, Laura.

—¡Dios Santo! ¿Es ésa la razón?

—Seguro. Ya no existen impedimentos para el acceso a tus pesadillas Y puesto que las puertas de tu archivo están abiertas, no perdamos tiempo y regresa a buscar otras. Respira profundo. Uno, dos, ¡tres!

Tan pronto expiró el aire con fuerza, su rostro adquirió la suavidad de la ternura.

—Estoy en la cocina de la casa con mi hijo y Ramón. Tocan a la puerta y él se dirige a la sala. Oigo voces y un ruido, Ramón grita. Corro a la sala y lo veo en el suelo con un cuchillo clavado el pecho. La sombra a su lado, huye cuando yo entro . . ., hay mucha sangre saliendo por la herida . . ., –el rostro de Laura se tornó lívido.

No había duda de que se hallaba en el umbral del desvanecimiento, pero no le di tiempo.

—¡Respira, respira fuerte! –le sacudí los brazos–: Laura, estás dentro de una memoria muy importante. Observa desde arriba para que los eventos que se presenten no te afecten físicamente.

—Ya estoy arriba, flotando. Veo a la sombra que huye.

—¿La ves? ¿Sabes quién es?

—Es Gaspar Pruna. Él era quien me perseguía. ¡Maldito! ¿Por que me hacía eso? –la reacción ahora no era de temor, Laura se hallaba colérica.

—Laura, sabemos que Gaspar Pruna las importunaba; pero ya no lo hará más. Trata de ver quién es el asesino.

—No, sólo veo pesadillas –su expresión cambió–. Siento deseos de llorar y se me ha clavado un dolor fuerte en el pecho. Presiento que voy a ver a Ramón.

—Llora, llora –la incité–. El encuentro con Ramón te ayudará.

Durante casi un minuto las lágrimas escaparon entre sus párpados, mojando sus pómulos. Entonces, súbitamente, su cuerpo se tornó tenso, sus puños crispados se aferraron a los brazos del sillón y su espalda se pegó al asiento como solicitada por la inercia provocada por el brusco acelerón de un vehículo.

—¿Qué ocurre, Laura?

—No sé, profesor. Viajo a una increíble velocidad, el aire golpea mi cara.

Adonis movió la cabeza dando la impresión de quien busca algo en el techo.

—Se proyecta a gran velocidad hacia donde está Ramón –aclaró, Adonis.

—Estén atentos –los alerté–. No sabemos cómo será ese encuentro.

—¡Oh, qué sensación! Ahora me siento flotando por encima del pueblo, todo ha cambiado. ¡Ahí está la que fue nuestra casa! Está distinta. Tiene una mancha mohosa en el techo y está envuelta en la oscuridad. Adentro está ocurriendo algo muy desagradable.

La descripción simbólica que hacía delataba la presencia de Rámón en la vivienda.

—No te acerques a la casa hasta que te avise, Laura –la previne.

—¿Por qué no puedo acercarme? –preguntó entre asustada y curiosa.

—Por los símbolos que me describes, Ramón está confundido pensando que está vivo dentro de la casa y si te acercas demasiado tu cuerpo astral se va a impregnar de las emociones negativas que él tiene y, por afinidad, afectará tu cuerpo físico provocándote reacciones quizás incontrolables.

—Ya lo veo. Camina enfurecido de un lado a otro en medio de la oscuridad de la casa. Tiene el cuchillo clavado en el pecho y trata de sacárselo con la mano. Actúa como un loco; es horrible.

—Llénate de emociones y háblale con el poder de tu pensamiento. Llámalo por su nombre y dile que tú eres Laura.

Durante unos segundos sus labios se movieron silenciosos, después prorrumpió en gritos:

—¡Ramón, Ramón, escúchame, escúchame!

Entonces su cuerpo se puso rígido como un madero y sus puños comenzaron a golpear con fuerza los brazos del sillón.

—¿Qué sucede, Laura?

No contestó y la tensión de sus músculos hizo que los pómulo adquirieran el color escarlata.

—¿Qué sucede, Laura? –repetí.

No obtuve respuesta. Deduje que las fuertes emociones puestas para lograr la comunicación con Ramón la proyectaron contra él. Adonis hizo intentos por levantarse del lugar donde se hallaba sentado.

—Papi –me advirtió–, está poseída por Ramón.

José Antonio y Perdomo se acercaron para ayudarme a controlarla, pero el esfuerzo combinado de ambos no pudo lograrlo. Los golpes de Laura sobre los brazos del sillón parecían mandarriazos y su voz adquirió el tono bajo y grave del hombre que habla con sofocada cólera. De pronto vi que se incorporaba y pese al intento de ellos por evitarlo comenzó a dar vuelta como una loca dentro del cubículo. Judith, muy asustada se aproximaba a su hermana cuando yo ordené:

—¡Déjenla, déjenla!
—¡Zopilote, hijo de la chingada –gritó Laura– me la vas a pagar, cobarde, traicionero, no eres hombre!

Repitió varias veces y en distintos tonos las misma palabras. Sus ojos se abrieron y miraban desorbitados al vacío: "¡Tú también, tú también me traicionaste cuando viste el desmadre!"

—¡Hay que ayudar a Laura, papi!

Era obvio que, apropiado del cuerpo de Laura, Ramón descargaba a través de ella las emociones negativas provocadas por su trágica muerte. Debíamos actuar con rapidez para canalizar el trance en la dirección positiva.

—Vamos a sujetarla con fuerza –le ordené al grupo–. Formemos un círculo entorno a ella para obligar a Ramón que abandone su cuerpo. La acción del círculo se manifestó contra nosotros en la forma de una fuerte sacudida. Laura, desmadejada cayó sobre la alfombra.

Un minuto después, retornó al reposo y sus ojos cerrados comenzaron a derramar lágrimas. Súbitamente, hubo en ella una reacción e, incorporada de nuevo, comenzó a invocar a su difunto marido:

—¡Ramón, Ramón, comprende. Ya no perteneces a este mundo! ¡Entiéndelo, por favor, entiéndelo!

Con sus brazos en alto y abiertos mientras imploraba, avanzaba mirando al vacío. En ese instante, con una leve sacudida, mostró una nueva posesión de su cuerpo por el espíritu de Ramón. Su mímica me indicó que realizaban algún tipo de intercambio de índole sentimental. Parecía, por el bisbiseo que escuchábamos, que se besaban. Luego escuchamos un llanto quedo y una fuerte voz masculina que hablaba en tono de lamento "Viví todo ese tiempo en una larga pesadilla, tratando de sacarme, una y otra vez, aquel cuchillo infernal sin poder lograrlo. Corría a buscarte, clamaba por ti y cuando te tenía delante te desvanecías y yo volvía a la eterna repetición de lo mismo. Pensaba que estaba herido, nunca comprendí que ya había salido de tu mundo." Siguió una larga pausa y, después de un apagado sollozo, el bisbiseo se reanudó, pero para sorpresa nuestra la voz era femenina. Judith, que desde el inicio de la sesión mostraba irreprimida inquietud, se dirigió a Laura:

—Mi hermana, mi hermana, ¿qué pasa?
—Llevémosla al sillón –sugerí.

Perdomo y José Antonio la colocaron con delicadeza en el reclinable. Y yo le pregunté oíste a tu hermana:

—Oh, Judith, hermana mía. Es ahora que me doy cuenta de cuánto sufrió Ramón en esta vida. Gaspar Pruna, quien según le confesó su madre al morir realmente era su padrastro, abusó sexualmente de él cuando apenas tenía diez años. Lo golpeaba y sus castigos eran carcelarios. Por eso Ramón le temía tanto y no lo desobedecía en nada. ¿Recuerdas que sólo pudimos casarnos después que ese viejo de malas entrañas murió? ¿Sabes cuál fue su amenaza? "Si te casas con ella, los mató"
—¿Le contaste a él todo lo que nos hizo? ¿Y cuánto sufrimos?
—Sí, todo, todo. ¡Espera, espera! Veo a papá.

El silencio que sobrevino pareció indicar que entre ellos se produjo un mutuo intercambio de entendimiento. Humberto vino a confirmarlo cuando anunció con voz tranquila:

—Los tres están abrazados, llorando.
—¿Cómo los tres? –demandé intrigado.
—El papá de Laura está con ellos. Él les pide perdón por no haberlos ayudado antes –aclaró Humberto–. Él también dice

que Pruna fue quien envió al Zopilote contra el hijastro. Su odio era muy grande.

—Hay que perdonarlo, aunque no se haya arrepentido –dijo Judith casi en un susurro.

—¿En qué momento el papá se unió a ellos, Adonis? –pregunté.

—Cuando Ramón tomó posesión de Laura, Papi, un remolino lo arrastró hacia ellos. Te lo iba a advertir, pero tú, José Antonio y Perdomo estaban muy ocupados tratando de controlarla.

—Profesor –intervino Judith–, pregúntele a mi hermana si pudo ver al Zopilote cuando asesinaba a Ramón.

Laura movió la cabeza en ambas direcciones, evidenciando que había oído a su hermana.

—No sé. Sólo vi la sombra de Gaspar Pruna. Le pregunté a Ramón y me contestó que era un gandaya a quien le había dado un troncazo en el palenque porque le hizo trampa con un gallo. Por eso el Zopilote lo mató, azuzado por el padrastro que se encontraba en el palenque.

— ¿Tú lo conocías, Laura?

—Tengo un recuerdo lejano. El día del incidente, Ramón llegó muy enojado a la casa . . . Habló del Zopilote y la lección que le dio para obligarlo a que le entregara la lana que ganó en las peleas. Pero cuando volvamos a México mi hermana y yo vamos a averiguar. Alguien tiene que conocerlo.

—Está bien. Ojalá lo encuentren, pero les recomiendo prudencia. Además, recuerden que están aquí para perdonar y ser perdonadas.

—Lo sé, profesor. Hoy vi a mi padre y a Ramón perdonar y pedir perdón por los males que causaron a su paso por la tierra. Eso no lo olvidaré jamás. Los tres lloramos mucho por el daño que nos hemos venido causando desde tiempos remotos.

—Mi hermana, ¿me escuchas?

—Sí, te oigo, Laura . . . al fin se acabarán nuestras pesadillas.

—Sí, estoy segura. Pruna se alejó de nosotras, Ramón despertó. Él y nuestro padre se llenan de luz. Se van. Me hacen señas de amor ¡Oh, qué bello! Se van . . ., se van . . .

LA FIESTA DE DESPEDIDA

D urante las dos semanas que siguieron, sólo tuvimos noticias de las hermanas Santander por sucesivas llamadas que hicieron a la oficina para comunicarnos lo bien que se sentían y reiterarnos su agradecimiento por lo que habíamos hecho por ellas. De su conversación, María sacó la conclusión de que los preparativos para el regreso a su país se hallaban muy adelantados.

El viernes lo confirmamos. José Antonio Vales, que tenía con las hermanas Santander una amistad iniciada en la casa de la viejita donde ellas trabajaban, preparaba una fiesta de despedida para la cual había extendido la invitación al resto del staff que participó en las distintas sesiones.

Así que el círculo se cerraba. Todo parecía indicar que tendríamos el epílogo en el mismo lugar donde tuvimos el comienzo

Puesto que Gaspar Pruna había realizado algunas apariciones intrascendentes en las clases y durante las noches en mi consultorio, según los informes de los guardias nocturnos, realicé una reunión previa con todo el equipo para alertarlos acerca de la posibilidad de que también hiciera presencia en la fiesta, en cuyo caso debíamos estar preparados para hacerle comprender que ya este no era su mundo. Todo, claro, debía hacerse de modo que las hermanas Santander, por quienes el espíritu de Pruna había perdido todo interés, no se percataran de su presencia, para no alarmarlas.

El domingo en la noche, nos presentamos acompañados de Adonis y dos botellas de vino Riojano, conforme a nuestra costumbre cuando asistíamos a fiestecitas familiares. En la puerta, nos recibió la esposa de José Antonio, Linda, con su amabilidad de siempre y al avanzar hacia el Family Room pudimos comprobar que ya la actividad no sólo había comenzado sino que se hallaba muy animada. Además de las hermanas Santander y otros invitados de la familia, vimos a Perdomo, Humberto y algunos otros estudiantes que mantenían con José Antonio una relación amistosa estrecha. Percibí, o percibimos, que las voces eran algo más elevadas que lo normal, debido, seguramente, a las copas ingeridas antes de nuestra llegada. Enseguida nos sumamos al jolgorio. El tiempo pasaba entre los chistes y, a veces, prolongados comentarios sobre aspectos tratados en clase no muy bien interpretados por mis alumnos. Y sin quererlo, poco a poco se fue formando en torno a mí un corito que me asediaba a preguntas ante los ojos más o menos asombrados de los invitados de José Antonio que escuchaban llenos de expectación.

—Es necesario que pongamos un orden –propuse–. Hubiera preferido que estas preguntas me las hicieran en clase, pero veo aquí algunos rostros de visitantes tuyos, José Antonio, atiborrados de curiosidad y no quiero ser descortés.
—Hay mucha bulla aquí, profe. Vayamos a la pequeña biblioteca. Allí estaremos más tranquilos y no interferimos con los que no les interesa el tema.
—Estoy enteramente de acuerdo –aprobé.

Todos los interesados nos trasladamos al cuarto de estudio de José Antonio, que él llamaba biblioteca y nos acomodamos como a cada cual le resultó más agradable. Perdomo, entre preocupado y confundido, abrió el dique de preguntas que se me vinieron encima con tropel que no me dio respiro:

—Desde la última sesión a Laura, hay algo que me bulle en la mente, profesor. Usted, en las clases, siempre ha repetido que en los trances hipnóticos es muy difícil que haya posesión de un cuerpo por otro, y desde hace varios días me vengo preguntando por qué hubo en este caso tantos espíritus posesionándose de nuestros cuerpos.

—Es interesante tu pregunta, Perdomo. Realmente son muy infrecuentes estos casos en las sesiones de hipnoterapia. Pero es que estas muchachas, y me alegro que estén disfrutando ahora de la fiesta, no presentaban un caso común de fobia o depresión, sino más bien un cuadro paranormal complicado con descontroladas capacidades de médium, desconocidas por ellas, que las volvieron vulnerables a la persecución de un ser de baja evolución como el de Gaspar Pruna. Desde el inicio me di cuenta de ello y esa fue la razón por la cual recabara la ayuda de ustedes. Principalmente, la de Adonis y Humberto que poseen agudas facultades extra-sensoriales.

En concluyendo la respuesta a Perdomo, una joven físicamente atractiva, de unos veinte años, levantó la mano:

—Profesor, mi nombre es Romy. Mi padre, que es amigo de José Antonio, me trajo a esta fiesta y realmente no pensé que encontraría aquí esta clase de debate. Soy estudiante de psicología en la Universidad Internacional de la Florida y el tema me apasiona. Es más, yo afirmaría que a casi todos los que estudian conmigo esta carrera el tema los enloquece.

—Es agradable oírtelo decir, Romy –lisonjeé, y con un gesto la invité a proseguir.

—Profesor, he leído con frecuencia, y aquí se ha hablado mucho sobre ello, que después de la muerte una persona puede quedar prisionera en un plano entrelazado con el físico que le hace creer que no está muerta. Mis preguntas son las siguientes: ¿Es esto posible? Y si es posible, ¿a qué se debe?

Sonreí. Además de los atributos de belleza que poseía, la naturaleza la había dotado de una mente abierta. En un mundo donde la generalidad de la gente rehúye encarar esas realidades, ella las abordaba sin embozo.

—Hay muchos factores, durante el tránsito por la vida, que influyen en ello, Romy. Ante todo, hay que aceptar algo que se halla fuera de todo cuestionamiento: La existencia dentro de nosotros de una forma de energía que llamamos luz y de un cuerpo con las propiedades de concentrar en él todas nuestras emociones, al que denominamos cuerpo emocional. Un símil aceptable sería compararlo con las nubes por su naturaleza gaseosa y sus propiedades de sostener en ellas gotas de agua y partículas de polvo que las vuelven densas. Por otra parte, con harta frecuencia los seres humanos reprimimos nuestras emociones negativas, generalmente provocadas por estados de culpa: frustración, eventos traumáticos, odios, deseos de venganza, apego obsesivo a los bienes terrenales, etc. Cuando la vida física concluye, la luz, esa forma de energía imperecedera que vive dentro de nosotros, trata de pasar al nuevo plano que le corresponde. Pero a veces se ve lastrada por las emociones que acabo de enumerar que la incapacitan a elevarse y, como consecuencia, se queda atada a un plano colindante con la tierra. En ese estado, el ser a veces cree que aún está vivo y en capacidad de resolver problemas que dejó pendientes en el momento de su muerte física. Otras veces mantiene, o trata de mantener, su contacto con el mundo de los vivos por medio del lenguaje de los sueños, la transmisión de pensamientos, provocando ruidos, rozándonos la piel e, incluso, tratando de mostrar alguna forma corpórea. ¿Contesta esto tu pregunta, Romy?

—Absolutamente, profesor. Y con su respuesta crece mi interés por conocer más sobre la materia y pido disculpas a los presentes.

—Estamos en familia, Romy –le dije con la intención de alentarla–. Ellos comprenden.

La joven recorrió con la vista los rostros más cercanos. Al parecer, encontró la aprobación de su silenciosa solicitud:

—¿Qué puede hacerse para no quedar atrapado en ese mundo ambiguo?

—Como seguro te habrás dado cuenta –repuse–, nuestro comportamiento en vida tiene mucho que ver con quedar o no prisioneros en ese mundo confuso. Nuestros familiares, después que morimos, también juegan un papel importante.

—¿También los familiares? –inquirió asombrado Freddy, el padre de Romy que hacía un rato se había incorporado a la tertulia.

—Me explicaré, si me lo permite, señor . . . Freddy. Nuestro amor, muy natural y justificable, por un ser querido que ha fallecido nos empuja a que lo idolatremos: colocamos flores ante su retrato, lloramos ante él, tenemos continuos pensamientos acerca de que no debió morir, de la falta que nos hace, conservamos intactos sus objetos personales, vestimos lutos prolongados y otras manifestaciones de afectivos recuerdos. Esa actitud nuestra, que se justifica por lo que sentimos, no le permite ascender. Le hace creer que todavía está en condiciones de resolvernos problemas y de permanecer a nuestro lado para consolarnos; en una palabra, lo mantenemos en el limbo que separa nuestros mundos.

El silencio que siguió a mi explicación se acentuó con el contrapunto de la música que trascendía fuera de la biblioteca de José Antonio. El padre de Romy esbozó una sonrisa que llevaba una carga visible de escepticismo.

—Sí –admitió con acento irónico–. He visto bastantes películas sobre eso. Según usted, el mundo está poblado de seres prisioneros en la tierra, que ni siquiera vemos.

Traté de imprimirle tolerancia y comprensión a la sonrisa que me arrancó su tono sarcástico.

—Pese a la vulgarización que, a veces, ha hecho el cine sobre el tema en épocas pasadas, señor Freddy, para los hipnoterapeutas, que a diario tratamos bajo hipnosis a personas emocionalmente afectadas, es una verdad incontrastable la presencia de seres que "viven", por llamarlo de alguna forma, en ese limbo del que no pueden desprenderse, por las razones explicadas, y piensan que aún están en el mundo de los vivos.

—Sí –intercedió Perdomo–. Muchas veces piden y hasta ruegan que los liberen de las cadenas que los atan a la tierra.

—¡Me toca, me toca profe.! –se interpuso José Antonio a Romy, que parecía querer intervenir de nuevo–. Aunque usted lo ha explicado en clases, me gustaría que hablara sobre cómo una persona no entrenada y sin recurrir a un profesional, puede lograr una comunicación con un familiar fallecido y ayudarlo a subir si está en ese mundo.

—Soy consciente de que no haces esa pregunta para ti, José Antonio. Sé que tu conoces la respuesta. Para los que la ignoran, aquí está mi explicación: siempre he recomendado que, en estos casos, se utilicen los servicios de un profesional especializado en la materia. Pero eso no excluye que, mediante un entrenamiento adecuado, se puedan alcanzar resultados aceptables. En estos casos, el más sencillo de los métodos es el pensamiento sostenido, apoyado por un deseo intenso que impulse la comunicación.

—¿Puedo? –preguntó Romy dirigiéndose más a los contertulios que a mí.

Como nadie objetó, yo realicé un leve ademán de asentimiento.

—Mi curiosidad por este tema es anterior a mi inclinación por el estudio de la psicología, profesor. Desde niña, pese a tener un padre escéptico, he oído hablar de los médium y su comunicación con los espíritus. ¿Existen los médium? Y si la respuesta es positiva, ¿cómo se comunican?

Su forma directa y razonada de hacer las preguntas me encantaba. Ciertamente había en su cabeza algo más que su rebelde y encrespada cabellera negra.

—En la ciencia de la parapsicología se reconoce que el médium está más allá de toda duda. Es una persona con aguzadas capacidades sensoriales que presta su cuerpo y sus cuerdas vocales para establecer una comunicación entre seres desencarnado y los humanos. Se trata de una práctica bastante antigua que yo, personalmente, no comparto: al posesionarse de un cuerpo físico vivo, el espíritu experimenta percepciones de los sentidos de ese cuerpo, entre los cuales el calor es el más significativo, y eso lo hace asirse al plano sin luz donde reside, es decir, su apego por lo terrenal crece y no busca la luz que le corresponde.

—Es muy interesante su explicación –admitió ella–. Aunque siempre se va a encontrar con los incrédulos como mi padre.

Encogí los hombros con indiferencia.

—Mi función, como profesional, es comunicar la verdad. Los incrédulos de hoy son los creyentes de mañana.

Hubo un arranque de apagados aplausos que yo corté con un gesto de la mano.

—Es necesario que agregue, Romy, que así como existen seres que moran en las tinieblas, también existen otros, que habitan distintos planos de luz. Éstos, como pueden corroborarlo todos los alumnos míos con dotes extras-sensoriales aquí presentes, han establecido comunicación a través de ellos cuando se encuentran en trance hipnótico, de una forma similar a cuando nos hallamos frente a una pantalla en un cinematógrafo o, simplemente, pasando el mensaje telepático como lo hace el inconsciente.

Las preguntas continuaron. La prima noche se adentró en la madrugada, con la puerta de la petit biblioteca de José Antonio abierta a la sala, mi auditórium había crecido tanto que mi anfitrión tuvo que venir en mi auxilio y dar por terminada la despedida a las hermanas Santander.

El trayecto de nuestro regreso a casa, lo utilizábamos, como nos había ocurrido en otras ocasiones, en la discusión de los pormenores de la fiesta y el tema obligado de lo paranormal que tanta influencia ejerce en los seres humanos. Nuestro viaje discurría tranquilo hacia South Beach. Y comentábamos complacidos el hecho de que el secular espíritu de Pruna no hiciera en la fiesta su imprudente irrupción, cuando experimenté un sobresalto por una sospechosa llamada procedente desde nuestra casa. La llamada se repitió y la inquietud se apoderó de nosotros. No era para menos. En nuestro apartamento sólo se hallaba nuestra mascota, Piwee. Nos miramos unos a otros visiblemente alterados y Adonis dijo algo que yo no quería oír: "Es él".

Con los pelos parados de punta, según reza el adagio familiar, llegamos al condominio. Uno de los muchachos del personal de la seguridad en el Front Desk, me abordó:

—Señor Caballero, su mascota está muy alterada dentro del apartamento. Sus vecinos han llamado preocupados.

—Gracias, debe sentir algún dolor –me excusé, sabiendo que mentía.

Ya en el elevador, observé a mi hijo y a mi mujer. Lo que en el trayecto del viaje era inquietud tras recibir las llamadas inexplicables, ahora se había convertido en terror irreprimido. No dije nada.

Al salir al pasillo, percibimos los lastimeros aullidos de nuestra mascota. Abrazados todos por el pavor que nos producía aquellos lúgubre lamentos ancestrales, abrimos la puerta y realizamos repetidos intentos por encender la luz. No dieron resultados. Adonis repitió: "Es él" y sobre nosotros se abatió el nauseabundo olor que delataba la presencia del espectro de Gaspar Pruna.

GLOSARIO

Alucinógeno: Narcóticos o fármacos que provoca visiones mentales caóticas.

Ambivalencia: Estado emocional variable.

Arquetipos: Símbolos personales y colectivos que utiliza el inconsciente.

Aura: Alo de luz que rodea el cuerpo.

Automatismos: Reacciones involuntarias producidas por el inconsciente.

Beta: Clasifica el estado consciente. Nivel eléctrico que fluctúa dentro del cerebro entre 20 a 22 ciclos por segundo.

Catalepsia: perdida momentánea de la sensibilidad y movimientos del sistema psicomotor.

Catarsis: Desahogo emocional producido por un estímulo inducido.

Clarividencia: Capacidad de ver sucesos anticipadamente.

Concepto: Clasifica una unidad de información guardada en la mente subconsciente.

Conciencia: sentimiento interno sobre el bien o el mal.

Consciente: región objetiva y racional de la mente

Cuerpo Astral: Cuerpo semi-material, gaseoso y fluido localizado en el cuerpo físico. Guarda emociones y sentimientos.

Cuerpo de Luz: Es la energía que da la vida al cuerpo físico.

Cuerpo emocional: Véase "cuerpo astral".

Delta: Clasifica durante el sueño la inconsciencia. Nivel eléctrico dentro del cerebro, menos de 4 ciclos por segundos.

Desdoblamiento: Separación del cuerpo astral o emocional del cuerpo físico.

Disociación: Abstracción de los sentidos de los estímulos del entorno.

Dualidad de conciencia: Es la capacidad de permanecer consciente bajo los efectos del trance hipnótico profundo.

Emersión: Regreso de la conciencia al estado consciente.

Emociones: Cargas eléctricas acumuladas en el cuerpo astral.

Entre-vidas: Espacio donde habita un ser cuando no está encarnado.

Espiritual: Persona que no es aferrada a lo material.

Espiritista: Practicante de las ciencias espíritas de Alan Kardec.

Espíritus maléficos: Seres de baja evolución espiritual.

Estado alterado de la conciencia: Clasifica el estado hipnótico.

Éxtasis: Estado de abstracción emocional placentero.

Fenómeno paranormal: Manifestación física de una acción que la ciencia no puede explicar su origen ni reproducirlo.

Fenómeno de transferencia: Interpretación de síntomas físicos y emocionales inducidos por el inconsciente de una persona hipnotizada.

Guías de luz: Seres espirituales superiores.

Hipnosis: (Del griego: hipno = sueño y gnosis = conocimiento).

Hipnoterapia: Proceso terapéutico que se aplica bajo la hipnosis.

Hipnoterapeuta: Practicante de la hipnoterapia.

Histeria colectiva: Estado emocional transmitido a las personas que circundan a otra fuera de control.

Inconsciente: Parte interna de la mente que dirige y controla la conducta.

Inconsciente colectivo: Conexión mental con muchas personas.

Irracional: Persona que no piensa ni analiza antes de actuar.

Karma: Deuda contraída por la ley de causa y efecto, que se arrastra de una vida a otra.

Lenguaje simbólico: Alfabeto de símbolos individuales y colectivos.

Magnetismo: Capacidad inconsciente de atracción.

Médium: Persona que posee de forma natural la capacidad de comunicarse con seres desencarnados.

Mente reactiva: Acción irracional defensiva de la mente inconsciente.

Mundo astral bajo: Plano bajo y emocionalmente denso donde habitan seres de poca evolución espiritual.

Niveles: Manera de clasificar los diferentes planos de evolución.

Parapsicología: Ciencia que estudia el origen de las manifestaciones físicas aparentemente inexplicables.

Percepción extrasensorial: Capacidad de percibir información sin el uso de los sentidos.

Plano de luz: Nivel luminoso en el mundo espiritual.

Proyección astral: Capacidad de proyectar los sentidos tridimensionales hacia otra dimensión.

Reconceptualización: Cambios reflexivos de conceptos archivados en el subconsciente.

Regresión: Terapia que se aplica bajo el trance hipnótico, para que el hipnotizado recuerde y reviva sus memorias.

Simbolismo: Véase "Lenguaje simbólico".

Subconsciente: Clasifica archivo de memorias permanentes.

Sugestión: Aceptación de un estímulo inducido sin analizarlo previamente.

Telepatía: Viene del Griego, *tele* = lejos, *pathos* = sensación, se utiliza para clasificar la transmisión del pensamiento.

Terapia de desahogo: Descarga de las emociones reprimidas.

Theta: Estado de sonambulismo provocado por la hipnosis. Nivel eléctrico dentro del cerebro entre 4 a 7 ciclos por segundos.

Trance: Estado alterado de la conciencia de forma transitoria.

Vaso emocional: Depósito simbólico donde se guardan todas las emociones.

LLEWELLYN ESPAÑOL

lecturas para la mente y el espíritu...

* Disponibles en Inglés

Richard Webster

QUIROMANCIA PARA PRINCIPIANTES

Realice fascinates lecturas de la mano a
cualquier momento, y en cualquier lugar.
Conviértase en el centro de atención con sólo
mencionar sus habilidades como adivinador.
Una guía que cubre desde las técnicas básicas,
hasta los más recientes estudios en
el campo quiromántico.

5³⁄₁₆" x 8" • 240 págs.

0-7387-0396-6

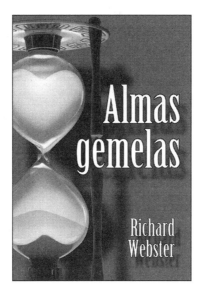

Octavio Déniz

CÓMO ENTENDER SU CARTA ASTRAL

La carta astral es la herramienta más eficiente
para interpretar la relación entre el
ser interior y el universo.
Cómo entender su carta astral le enseñará a
entender los elementos que conforman
la carta astral para comienzar una exploración
fascinante hacia el universo interior.

7½" x 9⅛" • 312 págs.

0-7387-0215-3

MABEL IAM

¿Qué hay Detrás de tu Nombre?

*D*ESCUBRE TU DESTINO

*A*NGEL PROTECTOR

*C*OMPATIBILIDAD ASTROLÓGICA

Mabel Iam

¿QUÉ HAY DETRÁS DE TU NOMBRE

Mabel revela en esta obra cómo emplear las
cualidades y los poderes en nuestro nombre
para fortalecer el autoestima y mejorar
las relaciones con los demás. Contiene el
significado de las letras, la personalidad detrás
de los nombres, el Ángel correspondiente para
cada nombre y su compatibilidad astrológica.

5³⁄₁₆" x 8" • 384 págs.

0-7387-0257-9

Selena Summers

FENG SHUI PRÁCTICO Y AL INSTANTE

Esta es la guía de feng shui más práctica y efectiva. Aprenda métodos económicos para diferentes aspecto de su vida. Mejore su suerte, apresure la venta de su casa, atraiga una fabulosa cita romántica, prospere en su trabajo u obtenga un ascenso laboral.

5³⁄₁₆" x 8" • 240 págs.

0-7387-0292-7

Migene González-Wippler

LEYENDAS DE LA SANTERÍA
PATAKI

Adquiera mayor entendimiento sobre los origenes de la Santería. La antropóloga cultural Migene González-Wippler, recopila cincuenta auténticos Patakis (leyendas) en donde los Orishas (deidades de la santería) representan todos los arquetipos que simbolizan la condición humana y describen la creación de la tierra y de la humanidad.

5³⁄₁₆" x 8" • 288 Págs.

1-56718-294-1